회사를 살리는
혁신 리더

회사를 살리는
혁신 리더

류한수 지음

이담북스

들어가면서

어느 기업 CA^Change Agent^(혁신추진자)' 워크숍에 특강을 간 적이 있다. 앞에 앉아 있는 참석자 몇 명에게 어떻게 해서 CA^Change Agent^가 되었냐고 물어보았다.

"잘 모르겠습니다.", "중간 계층이어서 된 것 같습니다." 등 대체로 본인이 왜 CA^Change Agent^로 선정되었는지를 모른다는 대답이었다. 당황스러웠다.

다시 전체 참석자를 대상으로 CA^Change Agent^의 주요 역할이 무엇이냐고 다시 질문을 해보았다.

중간 자리에서 먼저 대답이 나왔다. "워크숍 장소 잡고 스케줄 정하는 일입니다." 일부 참가자들이 동조하는 듯 고개를 끄덕였다. 뒷자리에서 "회식 장소 잡는 일도 주요 역할입니다."라는 큰소리의 대답이 나오자, 강의장에 있는 모든 참가자가 동조하듯이 손뼉을 치면서 한바탕 웃음의 도가니가 되었다. 뒤에서 이 상황을 지켜보고 있던 주관부서 담당자의 당황해하는 모습이 지금도 선하다. 물론 이 회사만의 국한된 상황은 아니다. 타 기업에서도, 유사한 현상이 나타났다.

그러면 왜 이러한 현상이 발생하는 것일까?

회사마다 이름만 달리할 뿐 CA^Change Agent^와 유사한 혁신 리더 프로그램을 운영하고 있다.

CL^Change Leader^, 혁신 프론티어^Frontier^, 에반젤리스트^Evangelist^ (혁신전도사), 그리고 주

니어 보드Junior Board 등의 이름으로 혁신 리더 제도를 운용하면서 조직의 변화를 위해서 많은 시도와 노력을 해 오고 있다.

일부 기업은 취지에 맞게 운영하고 있지만, 대다수 기업은 여전히 무늬만 있는 혁신 리더 제도를 운용하고 있다. 왜 혁신 리더 활동이 필요한지, 어떤 용도로 활용할 것인지, 어떻게 육성할 것인지, 어떻게 유지 발전시킬 것인지 등에 대해서 막연하게 또는 타사의 프로세스나 제도를 그냥 벤치마킹하여 운영하는 실정이다.

혁신 리더는 왜 필요한 것인가?

뷰카VUCA 시대로 표현되는 지금의 경영 환경은 조직마다 변화와 혁신은 선택의 문제가 아닌 생존의 문제로 대두되고 있다. 뷰카VUCA란, 변동성Volatility, 불확실성Uncertainty, 복잡성Complexity, 모호성Ambiguity의 첫 글자들을 조합한 약자이다. 미국 육군대학에서 최초로 제시한 개념으로 사용된 뷰카VUCA는 최근에는 복잡하고 불확실한 상황과 위험이 점점 커지는, 그리고 유연하면서 즉각적인 대응 준비가 요구되는 오늘날의 경영 환경을 축약해서 보여주고 있다. 이처럼 변동성이 크고, 불확실하며, 복잡하고, 모호한 경영 환경에서 우리 조직은 괜찮은 것인가?

급변하는 뷰카^{VUCA} 시대에 변화하는 조직만 생존할 수 있기에, 조직마다 나름대로 조직 변화에 온 힘을 쏟고 있다. 그러나 이러한 노력에도 불구하고 가시적인 성과를 얻지 못하고 있는 것이 현실이다. 문제는 회사에서 변화의 중요성을 강조할 때마다, 구성원들은 그러한 활동이 단기간의 이벤트성으로 끝날 것으로 인식하는 데에 있다. 결국, 많은 변화의 노력은 실패하거나 소기의 목적을 달성하지 못한 채 흐지부지되고 있는 현실이다. 가장 큰 문제는 경영진의 위기의식과 고민이 구성원들에게까지 제대로 전해지지 않는다는 것이다. 조직이 클수록 이러한 현상이 더 크게 나타난다. 그만큼 인식의 갭(Gap: 간격)이 크다는 것이다. 경영진의 고민을 구성원들과 공유하고 인식의 갭을 줄여주는 역할을 중간관리자가 혁신 리더가 되어서 해야 한다는 것이다. 한마디로 중간관리자를 변화와 혁신의 DNA로 무장된 혁신 리더화(化) 하여 조직 변화를 성공적으로 이끌어가는 중요한 에너지원(源)이자 조직 혁신의 불씨 역할을 하도록 하는 것이다.

혁신 리더의 역할은 무엇인가?

기존의 변화관리 방식만으로는 뷰카^{VUCA} 시대에서 생존할 수 없다. 바로 지금이 혁신 리더 혁신을 시작할 때이다. 우리 조직이 도태되지 않고 지속적으로 성장하고 변화를 이끌어 갈 수 있도록 혁신리더를 활용해야 한다.

한마디로 혁신 리더는 경영진과 구성원들 간의 쌍방향 커뮤니케이션에서 중추적 역할을 담당한다. 회사의 혁신 방향 및 기업 가치를 전파하고, 이에 대한 구성원의 의견을 수렴하고 또한, 제안 사항을 경영진에 조언하는 역할을 수행한다. 그리고 현장의 변화를 위한 실행과제를 수립하고 이를 실행하는 역할이다.

이명우 한양대 특임교수는 '조직 변화를 꿈꾼다면 혁신을 전파할 지렛대부터 찾아라. 하향^{Top down} 식의 변화로는 공감을 얻을 수 없고, 아래로부터의 변화는 추진력이 약하기 때문에 중간의 지렛대 역할이 중요하다'라고 강조했다. 조직 변화를 위해서는 첫 단추를 채울 변화 추진자 즉, 혁신 리더를 활용해야 변화 경영 프로젝트를 성공시킬 수 있다는 설명이다. 페이스북의 창업자인 마크 저커버그는 "오늘의 페이스북을 만든 것은 하나의 사명^{Mission} 아래 구성원들이 스스로 고민하고, 고민한 아이디어를 바로 실행할 수 있게 하는 업무수행 방식 환경"이라고 밝히며 구성원 모두가 리더로서 함께 회사를 키우는 조직문화를 만들겠다고 강조했다.

혁신 리더의 역할은 무엇보다 혁신 리더 스스로가 변화관리의 중요성을 이해하고, 변화 필요성에 대한 인식을 확고히 하여 임직원들이 열정적으로 변화 과정에 참여하도록 이끄는 것이다.

어떻게 하면 혁신 리더를 성공적으로 활용할 수 있을까?

우선, 회사가 왜 혁신 리더가 필요한지에 대한 확신이 있어야 한다. 그리고 혁신 리더에 대한 철학과 전략이 있어야 한다. 단순하게 다른 회사가 해서 따라서 하는 일과성 이벤트가 아니라 체계적이면서 지속적인 프로세스로 조직이 학습해 가는 과정으로 발전해야 한다. 그리고 CEO는 구성원들이 조금이라도 더 남다른 생각과 노력을 할 수 있도록 여건을 만들고 구체적인 동기를 제공하는 에너지 공급원이 되어야 한다.

혁신 리더를 성공적으로 정착시키기 위해서 반드시 검토해야 할 핵심 체크 포인트와 전제 조건을 제시한다. 그리고 아무리 제도나 시스템이 우수해도 조직에서의 수용도가 낮고 구성원의 공감대에 기반을 두지 않는다면, 이러한 노력은 물거품이 되거나 오히려 부작용을 불러일으킬 수 있다.

핵심 체크포인트

Check 1. 우리 회사에 혁신 리더 활동이 정말 필요한가?

→ 필요성 인식

Check 2. 혁신 리더 활동을 통해서 무엇을 달성할 것인가?

→ 비전, 목표의 명확화

Check 3. 경영진은 혁신 리더 활동에 대해 적극적으로 지지하고 있는가?

→ 경영진의 지지와 지원

Check 4. 혁신리더 활동의 저항요소 극복 방법과 이해관계자

지지 방법은 있는가?

→ 참여 촉진

Check 5. 혁신리더 활동을 지원할 제도 및 시스템은 구축되어

있는가?

→ 제도 및 시스템 구축

6가지 전제 조건

첫째, 혁신 리더 활동이 하나의 이벤트가 되어서는 안 된다.

회사마다 다양한 이름의 혁신 활동 체제가 생겨났다가 사라지고 있다. 회사 차원에서 혁신 이슈가 생기면 제도나 체제만 만들면 모든 문제가 해결될 것이라는 막연한 기대를 한다. 그러나 급하게 제도나 체제를 추진하는 것보다는 전사적으로 필요성을 공유하여 혁신 과제를 발굴하고 우리 조직에 맞는 혁신 활동 체제를 구축하는 것이 바람직하다. 어느 기업 CEO는 조찬 세미나에서 글로벌 선진기업의 활동 사례를 듣고 와서 곧바로 활동 체제를 구성하라고 지시해서 실무자들이 당황했다는 얘기를 들었다.

일부 기업에서는 보여주기식으로 매년 성과 없이 형식적으로 운영하는 경우를 종종 볼 수 있다.

둘째, 지원하기 위한 상설 조직인 혁신 사무국을 조직한다.

우선 혁신 리더 활동을 성공적으로 운영하기 위해서는 전사 혁신 과제를 총괄하는 혁신 사무국을 상설 조직으로 구축할 필요가 있다. 기업의 혁신 과제 추진은 일시적인 이벤트가 아닌 지속적인 생존 조건이기 때문이다. 혁신 사무국은 전사 혁신을 관리하는 조직이기 때문에 CEO 직속으로 조직하는 것이 좋다. 회사의 비전과 가치 그리고 경영 전략에 부합하는 혁신 과제를 발굴하고, 혁신 리더들이 혁신 과제를 성공적으로 추진하도록 관리하고 지원하는 역할을 수행해야 한다.

셋째, 혁신의 로드맵Road map에 따라 혁신 과제를 도출한다.

회사는 전사 혁신의 로드맵Road map을 가지고 있어야 한다. 혁신 로드맵이란 전사 혁신 계획이나 혁신 전략 등이 담긴 구상도 또는 청사진을 의미한다. 경영진과 구성원들이 이러한 혁신의 로드맵을 공유할 때 비로소 혁신의 성과가 극대화되고 추진상의 문제가 최소화될 수 있다. 또한, 로드맵은 혁신 과제들이 전사의 비전 및 경영 전략과 어떻게 연결되는지를 한눈에 볼 수 있게 해준다. 그것을 통해서 관련 이해관계자들은 혁신 과제별 진행 상황을 한눈에 확인할 수 있고 결과를 파악해 나갈 수 있다.

혁신 과제는 반드시 로드맵에 근거해서 도출되어야 한다. 혁신 과제 도출은 기존의 소수 리더나 전문가 집단에게만 의존하지 말고 혁신 과제 도출 워크숍 등을 활용해서 다양한 내부 구성원의 협력과 아이디어를 통해서 혁신 과제를 도출하는 것이 좋다. 이를 통해서 혁신에 대한 이해와 소통의 장을 만들고 공유된 혁신 과제 선정을 위한 시도가 필요하다.

이미 글로벌 기업은 새로운 아이디어와 혁신 자원의 많은 부분을 기존 리더나 전문 집단뿐만 아니라 내부의 다양한 집단에서 획득하는 추세이다(예: 듀폰의 OE: Organizational Effectiveness, GE의 Work-Out Meeting 등). 실제로 국내에서도 S 기업의 경우 하향$^{Top-down}$ 방식의 의사결정 중심에서 구성원들이 자유롭게 논의한 사항을 위로 전달하여 결정받은 후, 업무를 추진하는 의사결정 방식인 상향식 매니지먼트$^{Bottom up Management}$로 전환하였다. 이를 통해서 조직 성과 향상과 조직 활성화에 많은 기여를 하고 있다. 이처럼 내부 구성원의 의견을 잘 활용하는 조직과 그렇지 못한 조직의 흥망이 교차하고 있는 현실이다.

넷째, 혁신 지원시스템을 구축한다.

혁신 로드맵 구축 후에는 혁신 리더 풀^{Pool}을 구성한다. 혁신 리더 풀을 구성할 때 각 부서의 중간관리자 역할을 하는 핵심 인력 중심으로 구성해 운영하는 것이 바람직하다. 혁신 과제 성공을 위해서는 다양한 부서의 협업$^{Co-work}$이 필요하다. 예를 들어 'A 제품 전략적 콜라보레이션' 혁신 과제를 진행할 때 핵심 역할을 수행하는 마케팅 부서뿐만 아니라 고객의 소리를 제공할 수 있는 영업부서와 고객만족부서, 내부 전문가의 의견을 제공할 수 있는 연구소와 사업장 인력을 참여시킨다.

혁신 리더들이 현업을 떠나서 상근$^{Full-time}$으로 혁신 과제를 수행하는 것이 바람직하나 현실은 그렇지 못하다. 혁신 리더들이 현업 업무를 완전히 떠나 혁신 과제 실행에 몰두하기 어려울 때는 기존 업무를 하면서 사업부에 해당하는 혁신업무를 진행하게 하는 과제를 비상근$^{Part-time}$으로 수행하도록 하는 등 다양한 방안을 시도할 필요가 있다.

혁신 사무국은 혁신 리더 활동 결과뿐 아니라 실행 과정도 주기별로 평가지표를 통해서 관리하고 평가해야 한다. 평가지표 선정은 사무국 주관으로 스폰서인 임원과 혁신 리더가 함께 참여하도록 한다. 회사의 전략 방향에 일치되면서 관리가 쉽도록 구성돼야 한다. 그리고 혁신 리더 활동에 대해서 주기적(예: 월 1회)으로 혁신 리더와 담당 임원, 사무국 담당자가 모이는 중간 점검 모임 Monitoring Meeting을 갖는다. 이때에는 진척도 또는 평가지표를 가지고 현황 중심으로 점검해야 한다.

다섯째, 혁신 리더가 자긍심을 갖고 적극적으로 참여토록 유도한다.

혁신 리더의 자긍심은 혁신 과제 달성에 강력하게 영향을 미치는 요소이다. 가장 효과적인 방법은 혁신 리더에게 자신의 역할이 정말 중요하고 그 일로 인해서 조직 및 개인의 발전이 가능하다고 믿도록 하는 것이다. 혁신 리더가 변화를 위해서 하는 노력이 회사의 경쟁력을 높이는 데 가치가 있다고 생각할 때와 그렇지 않을 때의 차이는 크다. 단순히 혁신 리더 활동이 중요하니 열심히 해야 한다는 말만으로는 전심을 기울이지 않을 것이다. 또한, 혁신 리더가 열심히 노력한다고 해도 경영진의 전폭적인 관심과 지원이 없다면 성공할 수 없다. 마지막으로 혁신 리더 활동에 대한 적절한 보상이 있어야 한다. 혁신 리더가 적극적으로 참여하지 않는 이유 중 하나가 열심히 해 봤자 돌아오는 것이 하나도 없기 때문이다. 혁신 리더 활동의 성과와 연계해 인사평가 시 가점을 부여하거나 별도의 인센티브를 제공한다. 그리고 혁신리더가 강한 열정을 가지고 활동하도록 환경을 마련해주어야 한다. 열정은 바이러스와 같아서 이러한 혁신 리더의 열정은 구성원들에게 쉽게 옮겨간다. 이를 위해서 주기적으로 전 임직원이 공유할 수 있도록 사내 커뮤니케이션 채널을 적극적으로 활용해서 혁신 리더의 역할과 활동을 전사적으로 알리는 것이 필요하다. A사는 경영회의 시에 혁신 리더에게 임명장을 수여하고, 상징적으로 임원들이 혁신 리더 배지Badge를 달아주며 태블릿 PC를 선물하며 동기부여를 했다. 이처럼 자긍심 제고를 위한 다양한 방법을 시도해 볼 수 있다.

여섯째, 성과 공유 및 확산을 위한 베스트 프랙티스^{Best Practice}의 장(場)을 운영한다.

사무국의 가장 중요한 역할은 다양한 혁신 리더 활동 결과를 지식 경영 Knowledge Management 시스템으로 구축해 관리하는 것이다. 혁신 과제 선정부터, 혁신 리더 조직 구성, 기획 및 실행 과정, 최종 보고까지 혁신 리더 활동 전반에 걸친 프로세스 및 성공사례를 관리하고 정리해야 한다.

구축된 혁신 리더 활동 사례는 먼저 신규 혁신 리더 인력들에 학습 차원에서 공유해야 하며 나아가 전사적 교육 자료로 활용해야 한다. 확산 및 유지를 위해서는 CEO가 직접 참여하는 성과 공유의 장(場)을 개최하는 것이 바람직하다. 실제로 LG의 경우 계열사의 성공 혁신 과제를 공유하는 스킬 올림픽^{Skill Olympic}이라는 이름의 혁신 축제의 장(場)을 오랫동안 개최했었다. 지난 1년간의 혁신 활동의 노고를 격려하고, 각 사의 우수 혁신 사례를 발굴, 공유하도록 하여 그룹 내 혁신의 분위기를 창출하도록 하기 위함이다.

이 책은 효과적인 혁신 리더 제도 운용 또는 혁신 활동방법의 개발에 고심해 왔던 국내 기업의 경영진과 실무자들뿐만 아니라 새로이 변화관리를 공부하고자 싶어 하는 조직 리더 모두에게 많은 시사점을 제시해 줄 수 있다고 생각한다.

목 차

일기예보대로 큼직한 함박눈이 탐스럽게 내리는 오후에 류해결 소장의 사무실로 A사의 조직개발팀 책임자인 나 적극 팀장이 오랜만에 찾아왔다.

"나 팀장님, 신수가 훤하십니다. 승진하시고 더 바빠지셨지요?"

"네, 더 바빠졌지만, 일은 재미있습니다. 이게 다 류 소장님 덕분입니다."

"별말씀을요, 워낙 나 팀장님 능력이 탁월하셔서 인정받으시는 것이지요. 그나저나 회의문화는 당초 계획대로 잘 돌아가고 있지요?"

"네, 소장님께서 양성해주신 회의 퍼실리테이터들이 동분서주하면서 역할을 잘해주고 있습니다.

그리고 대표님도 전폭적인 지원을 해주고 계십니다."

"그럼, 오늘은 어쩐 일로. 그냥 안부 인사차 오신 것 같지는 않고."

나 팀장은 진지한 표정으로 입을 열었다.

"대표님께서 해외 경영혁신 콘퍼런스를 다녀오신 후에 저에게 혁신 리더 Change Leader 활동 체제를 구축해서 운영하라고 지시하셨습니다. 제1단계로 회의문화 혁신이 정착되고 있으니 성공 경험을 바탕으로 2차로 전사 조직 변화로 확대하라는 것이지요."

류 소장은 2년 전 진행했던 A사의 회의 문화개선 프로젝트를 끝내고, 종합 보고를 하는 성과 공유의 장에서 CEO가 사내 퍼실리테이터들을 대상으로 앞으로는 조직문화를 바꾸는 리더의 역할을 기대한다고 한 이야기를 기억해 냈다.

"그때 하신 말씀이 지나가는 얘기가 아니었군요…"

잠시 대화가 중단되고 어색한 분위기가 될 때쯤 해서 누군가 노크를 함과 동시에 문을 열고 들어왔다. 황혁신 과장이었다.

"소장님, 잘 계셨지요? 길이 미끄러워서 늦었습니다, 죄송합니다. 팀장님에게 말씀 들으셨지요? 이번에도 잘 부탁드립니다."

속사포로 자기 말만 하면서 빈자리에 넙죽 앉았다. 황 과장의 급한 성격은 여전했다. 두 사람에게서 자초지종을 들은 류 소장은 사내에 혁신 리더가 왜 필요한지에 대해서 주특기인 3분 강의를 시작했다.

"많은 조직이 변화관리 또는 혁신을 생각할 때 외부 전문가에 의지하는 경향이 있습니다. 혁신에 있어서 훨씬 훌륭한 내부 인재가 있음에도, 우리는 종종 내부 전문가를 간과합니다. 내부 전문가는 외부 전문가보다 내부 문제 상황을 정확하게 읽어 낼 수 있습니다. 더 중요한 것은, 그들은 변화 실행에 있어서 근본적인 역할을 한다는 것입니다. 내부 전문가 없이는 CEO의 혁신 의지를 조직 안에 심어 놓을 수 없습니다. 조직에 있는 우리 모두를 내부 전문가로 인식하는 것이 중요합니다. 그중에서 조직별로 중간관리자를 혁신 리더로 선발하여 체계적으로 육성하여 활용하는 것이 핵심입니다. 고개를 끄덕이며 듣던 황 과장은 류 소장에게 본인이 만들어온 혁신 리더 운영 기획안을 보여주었다.

"솔직히 말씀드려서, 대표님께서 하도 급하게 지시하셔서 타사 사례를 바탕으로 기획안을 기초로 만들어 보았습니다. 부끄럽습니다."

"아닙니다. 큰 틀에서 보면 각각 조직에서 하는 혁신 리더 운영은 유사합니다. 그 조직의 혁신 철학이 얼마나 녹아들어 있느냐가 중요하지요. 좋습니다. 제가 검토해보지요."

"대표님께 보고하는 경영 회의 자리에는 류 소장님도 함께 참석하는 것으로 보고드렸습니다. 잘 부탁합니다."

두 사람은 창밖으로 계속 내리고 있는 함박눈을 보고 걱정스러운 표정을 짓고는 인사를 나눈 뒤 회사로 돌아갔다.

"이번에는 혁신 리더 활동이라…"

류 소장은 2년 전 실시했던 회의 문화개선 프로젝트의 주요 장면을 떠올리며 이번에도 성공적인 안착이 될 것을 속으로 다짐했다.

제1부

변신하는 기업만이 생존한다,
혁신 리더^{Change Leader} 제도

혁신 리더로부터 성공의
열쇠를 찾아라

A사에서는 2년 전 회의문화 개선 프로젝트에 이어서 혁신 리더^{Change Leader} 제도를 도입하여 실시하기로 했다. 임원 회의에서 혁신 리더 육성과 활용에 대한 필요성에 대해서 보고했다.

1. 우리 조직, 혁신 리더 전략 어떻게 짤 것인가?

조직개발팀 나 팀장의 소개로 임원 회의실 앞으로 나간 류 소장은 참석한 임원들을 둘러보면서 인사를 했다.

"오랜만에 인사드립니다. 회사가 성장하는 모습을 계속 지켜보고 있었습니다. 제 회사가 잘되는 것 이상으로 기뻤습니다."

참석한 임원들도 2년 만에 보는 류 소장을 반갑게 맞이하는 모습이었다.

"대표님께서 또 저를 부르신 것은 전에 했던 프로젝트에 대해서 만족하신 것으로 받아들여도 좋겠습니까?"라고 질문하면서 CEO인 김바른 대표를 한번 쳐다보았다. 김 대표도 동감한다는 듯 고개를 한번 끄덕여 주었다.

류 소장은 진지한 표정을 지으면서 강의를 시작했다. 특강 주제는 '성공적인 변화관리를 위한 혁신 리더^{Change Leader}의 역할'이었다. 화면에는 '70%'라는 숫자가 보였다.

"초경쟁 시대에 끊임없는 변화와 혁신은 기업 생존을 위한 필수 요소입니다. 그러나 수많은 기업이 변화를 시도했지만, 성공률은 높지 않습니다. 변화관리의 대가인 존 코터[John. P. Kotter] 하버드 비즈니스 스쿨 교수는 조직 변화를 시도하는 기업의 70%가 실패를 경험한다고 했고, 많은 조사와 연구 결과에서도 변화 실패율 70%가 정설로 굳어지는 상황입니다."

임원들은 꽤 놀라는 표정이었다. 류 소장은 이어서 '20% : 60% : 20%'가 써진 다음 화면을 보여주었다.

"변화 실패에는 여러 가지 요인이 있지만, 가장 큰 요인은 구성원들이 본질적으로 변화를 부담스러워한다는 것입니다. 일반적으로 구성원의 20%는 변화에 저항하고, 60%는 무관심하며, 나머지 20%만이 변화를 수용한다는 것입니다. 따라서 조직 변화에 성공하기 위해서는 구성원들의 변화 거부를 제대로 이해하고 이를 조직 혁신의 열정으로 전환하는 노력이 우선되어야 합니다."

참석자들은 류 소장의 설명 내용을 인정한다는 반응을 보이지만 해결책은 무엇이냐는 눈치들이었다. 이를 읽은 류 소장은 혁신 리더의 필요성에 대해서 언급했다.

"변화관리에서 가장 고심해야 할 것 중 하나는 변화를 주도하는 세력을 형성하는 일입니다. 모든 구성원이 변화에 동참해야 하지만 현실적으로 쉽지 않습니다. 변화를 구체화하고 성공으로 이끌기 위해서는 리더십과 전문성을 갖춘 인재들로 변화 주도 팀을 구성할 필요가 있습니다. 류 소장은 다음 화면에 유명 인사 사진을 보여주었다. "GE의 잭 웰치[John Frances Welch Jr]는 '세상에는 두 종류의 기업이 있다. 혁신하는 기업과 사라지는 기업이 그것이다'라고 강조하며 변화를 신속하게 진행하기 위해 변화 가속화 팀[CAP Coach]를 운영했습니다. 변화 성공에는 바로 우리가 준비하려는 혁신 리더가 있다는 것입니다."

류 소장은 이어서 변화과정의 기본 3단계인 '도입 단계 -〉 실행 단계 -〉 확산 단계'라고 써진 다음 화면을 보여주었다.

"일반적으로 변화 도입 단계에서는 구성원의 불신감이 변화의 출발을 더디게 합니다. 이를 해결하기 위해서는 CEO를 포함한 경영진 스스로 성공에 대해 확신하고 일관된 메시지와 행동으로 변화를 전파하는 것이 중요합니다. 이러한 노력은 구성원들의 변화 초기에 느낄 수 있는 불안감과 불확실성을 해소하고 변화 수용 시간을 단축하는 데 큰 도움이 됩니다. 또한, 변화관리로 인한 작은 성공 경험이나 사소한 성과라도 실시간으로 공유해 변화의 과정을 보여주면 불신을 신뢰로 전환할 수 있습니다.

두 번째 실행 단계에서는 구성원들이 스스로 변화의 주체가 되지 못하고 있고, 소속감을 느끼지 못할 때 변화의 추진력이 떨어집니다. 이를 해결하기 위해서는 변화를 추진하는 과정에서 구성원들에게 참여의 장(場)을 마련해주는 것이 중요합니다. 그리고 변화 추진과 관련된 정보를 충분히 제공해서 변화과정을 잘 알게 되면 구성원들은 강한 소속감을 느끼고 역할을 명확히 인식할 수 있습니다.

마지막으로 확산 단계에서는 구성원 스스로가 추진력을 발휘하지 못하도록 방해하는 무력감을 경계해야 합니다. 이를 해결하기 위해서는 변화가 역동적으로 확산할 수 있도록 권한을 위임하고 지속해서 동기를 부여하는 것이 중요합니다. 변화에 따른 작은 성과에 대해서도 확실하게 보상함으로써 회사가 지속적인 관심과 지원을 보내고 있다는 신뢰를 보여주어야 합니다.

이상과 같은 3단계 변화를 경영진의 분신이 되어서 성공적으로 이끌어 가는 핵심 멤버가 바로 혁신 리더입니다. 구성원의 행동 변화를 촉진하고 확산하고 실제적인 변화를 위해서는 혁신 리더 프로그램이 필요합니다. 따라서 마지막으로 임원분들께 부탁드리고 싶은 말은 조직 구성원들의 변화에 대한 저항과 거부감을 받아들이고 솔선수범하는 모습을 보여주십시오, 그리고 혁신 리더 활동에 지속적인 관심과 지원을 해주셔야 한다는 것입니다."

류 소장의 특강이 끝나자 바로 이어서 나 팀장은 CEO를 포함한 임원들 앞에서 혁신 리더 프로그램의 추진 배경에 대해 상세하게 보고했다.

"본 프로그램은 올해 실시한 조직문화 진단 결과를 토대로 준비되었습니다. 조직 구성원의 사고와 행동을 변화시키고, 향후 이를 업무 프로세스와 시스템 혁신으로 연계해서 회사의 뉴 비전 달성의 토대로 활용하고자 추진하게 되었습니다. 본 프로그램은 일차적으로 뉴 비전과 핵심 가치를 명확히 전달하기 위해서 상하 간의 신뢰 구축, 계층/기능 간의 원활한 의사소통, 부문 간의 벽허물기를 위해 다양한 프로그램을 지속해서 시행합니다. 또한, 뉴 비전 달성을 위한 변화과제를 혁신 리더별로 수립하여 실행하겠습니다. 이를 위해서 조직 구성원들과의 워크숍, 인터뷰, 설문 진단 등을 통해 다양한 의견을 지속해서 수렴하고, 이때 입수한 피드백 결과를 경영진에 가감 없이 전달하도록 하겠습니다. 그리고 조직문화 진단 결과에 나타난 핵심 문제를 시급히 개선함으로써 CEO께서 강조하고 있는 신뢰 경영, 자율 경영 문화의 기반을 구축하겠습니다. 궁극적으로는 구성원들이 우리 조직을 가장 일하기 좋은 일터로 여기도록 만드는 변화의 발판을 마련하기 위하여 본 프로그램을 추진하고자 합니다. 임원분들의 지속적이고 적극적인 지원을 부탁드립니다."

나 팀장은 임원들에게 잠시 묵례하고 나서 진단 결과를 대표적인 문제점 중심으로 설명했다.

조직문화 진단 결과에 따르면…

- 액자 속에만 있는 조직 비전, 핵심 가치
- 변화 혁신에 대한 불신
- 경영진 및 조직 리더에 대한 낮은 신뢰도
- 경영진과 구성원 간의 의사소통 단절

- 본사 위주의 의사결정: 사업장과 원활하지 못한 업무 소통
- 사업부 간, 부서 간의 보이지 않는 벽
- 개인의 성장을 위한 기회 미흡 등

이어서 나 팀장은 프로그램의 핵심인 혁신 리더 활동에 대해서 다시 한 번 언급했다.

"뉴 비전의 원년으로 이를 달성하기 위한 혁신 리더 활동을 제도화하고자 합니다. 혁신 리더를 정기적으로 선발하여 육성하고, 이들을 자율적인 조직 혁신 활동의 중심 세력으로 활용하겠습니다. 뉴 비전 달성과 더 나아가 지속적인 혁신 리더 활동을 통해서 구성원들의 역량과 조직 역량을 높이도록 하겠습니다."

2. 혁신 리더 제대로 활용하기

나 팀장이 혁신 리더 활동에 대한 설명을 마무리할 무렵 연구소장인 김진지 전무가 질문을 던졌다.

"좋은 내용 잘 들었습니다. 그런데 굳이 왜 내부에서 혁신 리더를 선발해야 하는지에 궁금합니다. 외부 전문가에게 프로젝트로 맡기는 것이 더 효과적이지 않습니까? 제가 연구소에만 있어서 잘 모르겠습니다만."

류 소장은 나 팀장에게 본인이 대답하겠다는 신호를 보냈다. 연구소장을 먼저 쳐다보고 난 후 확신에 찬 목소리로 설명을 이어 나갔다.

"네, 아주 중요한 질문을 해주셨습니다. 우리는 경영혁신 또는 변화관리를 생각할 때 외부 전문가의 도움만을 생각하는 경향이 있습니다. 우리 조직의 혁신에 있어서 훨씬 훌륭한 내부 인재가 있음에도 불구하고, 우리는 조직 내부에서 변화 전문가를 육성해서 활용하는 것을 간과합니다."

류 소장은 목소리에 더욱 힘을 주었다.

"우선, 내부 인재는 조직 내부 문제 상황을 정확하게 알고 있고, 그들은 변화 실행에서 실제적인 역할을 할 수 있습니다. 따라서 내부 인재를 혁신 리더로 활용하지 않고서는, 혁신 DNA를 조직 안에 심어 놓을 수 없습니다."

임원들을 둘러본 류 소장은 "여기 계신 임원들 모두가 혁신 리더 겸 혁신 후원자가 되어야 합니다. 그리고 조직에 있는 우리가 모두 혁신 리더가 되어야 합니다."

류 소장은 화면에 혁신 리더의 필요성에 대해 준비한 내용을 띄우고 왜 내부 혁신 리더가 필요한지에 대해서 구체적으로 설명했다.

"첫째, 내부 전문가로서 혁신 리더는 조직에 대한 직접적인 지식과 경험이 있습니다. 그들은 현재 조직이 어떻게 돌아가고 있고 무엇이 문제이고 무엇이 중요한지, 그리고 그것을 실행하기 위해서 무엇이 필요한지를 외부 전문가보다 더 잘 알고 있습니다.

둘째, 조직적 차원에서 외부에 오픈되지 말아야 할 것들이 있습니다. 즉, 경쟁사나 시장에 알려지면 안 되는 주요 전략이나 주요 이슈 등이 있습니다. 이러한 내용은 내부에서 추진할 필요가 있습니다.

셋째, 내부 전문가로서 혁신 리더는 구성원들과 더 쉽게 관계를 형성할 수 있습니다. 혁신 리더는 외부 전문가보다 조직 구성원들과 더 쉽게 소통하고 협조를 얻을 수 있습니다. 또한, 조직 구성원들은 다른 구성원들과의 관계를 통해서 변화된다는 것입니다.

넷째, 지속적인 실행이 가능하고, 학습 조직화할 수 있습니다. 내부 전문가로서 혁신 리더는 외부 전문가처럼 계약상의 마감일과 시간에 쫓기지 않고 혁신 과제에 더 역량을 발휘할 수 있습니다. 그리고 그들은 일상에서 지속해서 혁신 과제를 실행할 기회를 가질 수 있습니다. 또한, 혁신 리더의 실행 경험과 노하우는 조직의 귀한 자산으로 남습니다."

이어서 류 소장은 임원들을 둘러보면서 마지막으로 당부의 말을 전했다.

"혁신 리더 활동이 성공하려면 몇 가지 해결해야 할 사항이 있습니다. 먼저, 혁신 리더 활동에 무한한 신뢰와 지원을 해주어야 합니다. 일반적으로 경영진은 내부보다는 외부 전문가를 더 신뢰하는 경향이 있습니다. 이번 기회에 내부 인재를 존중하고 인정하는 계기로 만들어주시면 좋겠습니다. 즉, 내부 혁신 리더는 현업 직속 상사와 연계되어 있다는 것입니다.

혁신 리더 활동에 전념할 수 있도록 현업 상사가 전폭적으로 지원할 수 있는 제도적 장치가 필요합니다. 즉, 혁신 리더의 부서 내 업무 조정이나 평가에 대한 조정 부분을 확실히 할 필요가 있습니다."

3. 타산지석(他山之石)으로 거듭나기

임원 특강이 끝나고 나 팀장은 인사조직개발 담당 임원인 천진만 상무에게 타사의 현황을 보고하는 자리에 류 소장을 참석시켰다. 나 팀장은 시행착오를 최소화하기 위해서 이미 실시하고 있는 다른 조직의 혁신 리더 활동 현황을 황 과장에게 조사하라고 지시했었다. 그중에서 의미 있는 자료는 혁신 리더 활동 시 어려웠던 점과 문제점 등에 대한 것이었다. 황 과장은 마당발이라는 별명에 걸맞게 일주일 만에 3개 회사에서 담당자 인터뷰 내용 중 부정적인 부분을 정리해서 보고했다. 반면교사(反面敎師) 삼아서 혁신 리더 선발과 육성 등 전체적인 운영 프로세스를 만드는 데 참고하기로 했다.

- '내가 왜 혁신 리더로 추천되었는지 모르겠다.'
- '인원 선발 시 조직에서 바쁘지 않은 사람을 선정했다.'
- '혁신 리더 활동과 현업 실무 병행이 어렵다.'
- '전문 스킬이나 지식이 부족한 적절치 못한 추진 멤버를 선발했다.'
- '혁신 프로그램이 자주 변경되어 집중력이 결여된다.'
- '혁신 리더 팀 내부만의 활동으로 끝나고 전파가 잘 안 된다.'
- '현업 상황을 고려하지 않아서 과제 실행력이 모자란다.'
- '적절한 교육도 안 하고, 우리 보고 어떻게 하라고'
- '성과에 대한 제대로 보상도 해주지 않고, 목표 건수 등 최종 성과에만 일 관한다.'
- '시간, 비용에 대해서는 매우 인색하면서, 단시간에 무리한 욕심을 낸다.'
- '업무 외에 추가로 하다 보니 혁신 리더 활동이라기보다는 추가업무라는 개념이 강해서 혁신 리더 활동에 전념할 수 없다.'

이어서 황 과장은 조직문화 진단을 하면서 별도로 준비한 구성원의 혁신 리더 활동에 대한 의견도 공유했다. 현업 부서장을 포함해서 조직 구성원이 혁신 리더 활동에 대한 이해가 부족하고 다소 부정적 의견이 지배적이었다.

- '지금 하는 일이나 잘했으면 좋겠다.'
- '어떤 점이 좋아지는지 잘 모르겠다.'
- '언제 이런 것 해서 성공한 적이 있나?'
- '또 귀찮게 하는 것 아니야? 이런 것 한두 번 해봐?'
- '해당하는 부서만 하면 되는 것 아닌가? 왜 전 조직이 해야 하지?'
- '남이 하니까 따라 하는 것 아닌가? 우리 회사의 환경과도 맞지 않고…'
- '지금까지도 잘해 왔는데, 뭐가 문제라는 것이지?'
- '혁신 리더 활동으로 달성하고자 하는 것이 구체적으로 뭐지?'
- '혁신 리더 활동이 현업에 얼마나 도움이 될 것인가에 대한 의문이 든다.'
- '근본적인 변화가 아닌 또 보여주기 위한 이벤트 아닌가?'
- '변화에 대한 불안감만 주는 것 아닌가?'
- '바쁜 현장을 무시한 프로세스다. 한가한 사람이나 해라.'
- '처음에는 거창하게 시작해도 결국은 다른 우선순위에서 밀린다.'
- '무엇을 해도 경영진이 지속해서 관심이 기울이지 않는다.'
- '회사 제도적인 측면에서 지원이 이뤄지지 못하면 또 흐지부지된다.'

이런 냉소적인 반응을 확인한 천 상무는 다소 충격을 받은 얼굴로 류 소장을 쳐다보았다.

"혁신 리더 성공적인 정착이 쉽지 않겠습니다. 준비를 철저히 해야 하겠네요, 류 소장님만 믿겠습니다."

류 소장도 공감한다는 듯 고개를 끄떡이면서 말을 이어갔다.

"물론 혁신 리더 활동에 대한 지지를 얻어내기가 쉽지는 않습니다. 그러나 반드시 해야 할 과제입니다. 일반적으로 혁신에 대한 부정적인 반응은 기존 해왔던 혁신 활동에 대한 신뢰성 문제입니다. 이번 기회에 신뢰를 회복하는 것이 가장 중요하다고 봅니다. 그만큼 경영진의 마인드 변화와 적극적인 지원이 절실하게 필요합니다. 천 상무님께서 임원들 설득에 중요한 역할이 있습니다."

천 상무의 확답을 확인한 류 소장은 나 팀장, 황 과장과 혁신 리더 프로그램의 구체적인 운영에 대해서 논의하기 위한 시간을 가졌다.

4. 조직의 열정 지수를 높이자

류 소장의 제안으로 사무국에서는 기본 큰 그림만 그리고 세부 운영 프로세스는 선발된 혁신 리더들과 워크숍을 통해서 정하는 것으로 원칙을 정했다. 혁신 리더의 주인의식과 유연성을 최대한 활용해서 기존 하향식의 혁신 프로그램과 차별화를 두기로 했다. '뉴 비전 달성을 위해 사업부 단위의 변화 활동을 주도할 변화 추진자를 신정하여 운영한다.'를 기본 원칙으로 제1단계: 혁신 리더 선발, 제2단계: 혁신 리더 육성, 제3단계: 혁신 리더 활동, 제4단계: 혁신 리더 활동 평가로 총 4단계 실시하는 것으로 합의했다.

혁신 리더 선정 기준은 일단 전략 마인드가 뛰어나며 창의적이고 적극적 사고를 하는 사업부/부문 내 과장, 차장급 중간관리자를 대상으로 정했다.

선정 방법은 각 사업부의 사업부장으로부터 인원을 추천받고 사무국의 검증을 통해서 CEO의 인가를 받아서 최종 임명하는 것으로 정했다. 추천 인원에 대해서 사무국에서 검증하는 프로세스를 추가한 것은 류 소장의 의견이었다. 타사의 실패 사례 중 하나가 혁신 리더 활동을 하나의 이벤트성으로 여기고 역량과 사명감이 없는 인원을 추천해서 그대로 활용하면서 활동의 질(質)에 문제가 된 경우가 있기 때문이다.

활동 기간은 2월에 혁신 리더를 선정하고 11월까지 활동(9개월)한 후 12월에 종합 평가하는 일정으로 확정했다.

운영 지원은 먼저 육성 측면에서 혁신 리더의 역할, 변화관리[Change Management] 역량, 퍼실리테이션 스킬 등을 학습하고, 변화과제와 관련된 외부 전문 교육 및 온라인 교육을 지원하는 것으로 했다. 그리고 사내 혁신 리더 전용 인트라넷을 구성하여 활동 내용 공유 및 참고 자료 게시 등에 활용하게 했다.

활동 지원 예산은 협의를 통해서 다음에 정하는 것으로 했다.

조직체계는 전사적 변화를 성공적으로 실행하기 위해서는 최고경영진부터 변화관리 조직체계에 포함되어야 한다.

- **변화 후원자(Change Sponsor)**는 CEO가 맡는다.

  전사 변화의 방향을 이끌어가는 주체인 CEO는 전사 변화과제 관련 의사 결정을 하고, 혁신 리더 활동의 전략적 큰 방향을 제시한다.

- **변화 책임자(Change Champion)**는 각 사업부장이 맡는다.

  담당 사업부 조직 내에 변화를 정착시키는 주체이면서 부문 내변화과제 의사결정을 책임진다. 또한, 전략적 방향에 따라 사용할 수 있는 인적, 물적 자원을 분배하고, 변화에 대한 지속적인 지원을 한다.

- **사무국**은 조직개발팀이 맡는다.

  혁신 리더 활동의 기획 및 지원 그리고 혁신 리더 육성과 혁신리더 활동에 대한 모니터링(중간 점검) 및 평가를 담당한다.

류 소장은 사무국의 역할에 대해서 명확하게 정리했다.

"사무국은 혁신 리더 활동 결과뿐 아니라 실행 과정도 주기별로 지표를 통해서 관리하고 평가해야 합니다. 지표는 변화과제에서 요구하는 기대 결과 관점의 결과지표(KRA)$^{\text{Key Result Area}}$와 이러한 목표를 성공적으로 달성하기 위해 활동 과정에서 핵심적으로 관리가 필요한 요소들로 구성된 성과지표(KPI)$^{\text{Key Performance indicator}}$로 분류될 수 있습니다. 따라서 사무국은 혁신 리더들의 변화과제 실행 과정은 결과지표와 성과 지표가 포함된 체크리스트를 가지고 월 1별로 점검해야 합니다. 그리고 혁신 리더 활동에 대해서 주기적으로 혁신 리더 팀과 저를 포함한 사무국 담당자가 모이는 중간 점검^{Monitoring} 모임을 하는 것이 중요합니다. 이때에는 진척도 또는 평가지표를 가지고 현황 중심으로 중간 점검하고 추가 사항 또는 지원 사항에 대해서도 협의합니다. 두 달에 한 번 정도가 좋겠습니다."

협의하던 황 과장이 "네, 류 소장님, 사무국의 역할에 대해서 조언 감사합니다. 나 팀장님과 협의해서 준비하겠습니다. 그런데 변화 실행과제를 어떤 것으로 정해야 할지 고민입니다. 류 소장님 예를 들어주시면 고맙겠습니다." 류 소장은 고개를 끄덕이면서 "네, 그렇습니다. 혁신 리더 활동에서 가장 중요한 부분이 무엇을 실행과제를 정하고 실행하느냐입니다."

변화 실행과제

"변화과제는 이번 뉴 비전 달성과 연계해서 사업부별로 과제를 선정하는 것을 원칙으로 합니다. 예를 들어 관행적으로 진행되고 있는 업무 프로세스에 대해 재검토하고, 이를 개선하는 활동을 수행하거나, 뛰어난 방식으로 일하는 회사를 벤치마킹하여 우리가 나아지기 위해 실천해야 하는 일을 찾아내어 실행과제로 선정할 수 있습니다. 이를 귀사의 뉴 비전과 연계해서 어떻게 결과를 찾아내느냐가 중요합니다." 이어서 류 소장은 변화과제의 고려 사항에 대해서 추가로 설명했다. "타사의 경우, 욕심을 내서 2개의 변화과제를 반기에 하나씩 진행하는 것으로 했는데 2개 다 질(質)이 낮은 결과를 얻었습니다. 따라서 활동의 집중화를 위해 사업부 중심의 1개 과제를 선정하는 것을 원칙으로 하고, 추가로 혁신 리더 전원이 참여할 수 있는 전사 조직문화 혁신 측면의 활동, 예를 들어 회의 문화개선, 또는 지역사회 공헌 활동과 같은 기업 이미지 제고 혁신 활동, 신입사원 멘토링 등의 활동을 준비하는 것이 좋겠습니다."

듣고만 있던 나 팀장은 "그 부분은 좀 더 고민하는 시간을 갖는 것이 좋겠습니다. 그리고 제가 경험하기로는 변화과제 활동을 처음부터 끝까지 일관성 있게 끌고 가는 것이 쉽지 않습니다. 좋은 대안이 없을까요?"라며 중요한 부분을 터치했다.

"맞습니다. 실패의 원인은 용두사미(龍頭蛇尾) 때문입니다. 처음에는 거창하게 시작했으나 점점 경영진과 구성원의 관심과 지원이 적어지면서 흐지부지된다는 것이지요. 따라서 이를 해결하는 방법이 중간 점검시스템을 두는 것입니다."

류 소장은 나 팀장의 고민을 읽었다는 표정으로 설명을 이어갔다.

"변화 실행과제의 진행 상황을 주기적으로 점검해야 한다는 것이지요. 정기적으로 2달에 한 번씩 모여서 계획 대비 진행 정도를 파악하고, 추진 시 애로사항을 공유하고, 향후 추진 사항 등을 파악하는 시간을 통해서 추진력을 발휘할 수 있습니다. 또한, 다른 혁신 리더의 진행 상황을 보면서 서로 자극도 되고 마음가짐도 되잡을 기회가 됩니다. 물론, 추진 상황을 일정계획에 따라 사내 인트라넷 혁신 리더 게시판에 올리는 것은 당연하고요."

황 과장은 기다렸다는 듯이 "아! 그래서 류 소장님께서 중간 점검이 중요하다고 하셨군요. 맞습니다. 점검해야 합니다. 제 기억에도 학교 다닐 때 숙제 검사를 하는 선생님 시간에만 숙제해갔던 기억이 있습니다. 성인들도 마찬가지네요, 하하. 그럼 마지막으로 평가 부분은 어떻게 하는 것이 좋을까요? 나름의 평가 기준은 마련했습니다만…" 류 소장은 기다렸다는 듯이 평가에 대한 부분에 관해서 설명했다.

"혁신 리더 활동에 대해서는 종합적 평가를 시행하여 우수 사례를 포상하고, 우수 사례는 회사의 각종 제도 및 전략에 반영해야 합니다. 평가는 과제 계획서, 중간 활동 결과, 최종 결과에 각각 비중을 두고 평가합니다. 최종 평가지표는 다음에 혁신 리더 워크숍에서 함께 정하는 것이 현실성이 있고 참여도를 높일 수 있다고 봅니다. 평가는 1차 실무 평가를 거쳐서 최종 발표회 자리에서 임원 평가로 하는 것이 좋겠습니다."

"네, 좋습니다. 기존 운영 프로세스 자료에 류 소장님의 의견을 반영해서 최종 프로세스를 정리해서 CEO께 보고하겠습니다." 나 팀장은 깔끔하게 정리하고, 커피 한잔하자며 새로 생긴 1층 커피 전문점으로 자리를 옮겼다. 커피를 마시던 황 과장은 "회사 1층에서도 제가 좋아하는 아메리카노를 쉽게 마실 수 있어서 회사 나올 맛도 생겼습니다. 하하, 참, 재미있는 에피소드가 있습니다. 몇 년 전 여름에 일본 출장 가서 유명 커피 전문점에 가서 커피를 주문했습니다. 같이 간 동료는 아이스Ice 아메리카노를 주문하기에, 저는 여름에도 뜨거운 커피를 좋아해서 뜨거운Hot 아메리카노를 달라고 짧은 일본어로 주문했더니, 잘 못 알아듣더라고요, 주변이 시끄러워서 그런지… 근데 옆에 있던 동료가 '호또Hot 아메리카노'라고 하니까 알아듣고 주문받았습니다. 아이스Ice 반대가 뜨거운Hot 아닌가요? 그다음부터는 가는 곳마다 호또Hot 아메리카노 주문해서 잘 마셨습니다. 하하~"

황 과장의 유머로 분위기가 좋아지자 나 팀장은 "이번에도 류 소장님의 도움이 많이 필요합니다. CEO께서도 기대를 많이 하는 눈치입니다. 본인께서도 이왕이면 CEO 포럼 등에서 성공사례를 발표하고 싶어 하시기도 하고… 그렇습니다. 하하 ~"

즐겁게 모임을 마친 류 소장은 사무실로 돌아가는 자동차 안 음악방송에서 흘러나오는 김동률의 '출발'을 들었다.

'아주 멀리까지 가보고 싶어. 그곳에선 누구를 만날 수가 있을지. 아주 높이까지 오르고 싶어…'

5. 혁신 리더 선발에도 선택과 집중이 필요하다

황혁신 과장은 13:00부터 대회의실에서 각 사업부 기획 담당 관리자를 대상으로 '혁신 리더 선발 -> 혁신 리더 육성 -> 혁신 리더 활동 -> 혁신 리더 평가'에 이르는 혁신 리더 활동에 대한 프로세스를 설명했다. 설명이 끝나고 잠시 웅성거리는 가운데 "혁신 리더 선발 기준과 관련해서 좀 더 자세한 설명을 부탁합니다." 맨 앞에 앉아 있던 연구소의 김성실 연구지원과장이 손을 들고 질문을 했다. 황 과장은 기다렸다는 듯이 류 소장을 소개했다.

"여러분도 잘 아시는 류 소장님을 이번 프로그램에 또 모셨습니다. 류 소장님의 설명을 듣도록 하겠습니다."

"여러분, 오랜만에 뵙습니다."라고 인사를 하고 류 소장은 사업부에서 추천할 혁신 리더의 선발 조건에 관해서 설명했다.

"혁신 리더 활동의 성공 요소 중 가장 중요한 것이 혁신 리더 선발에 대한 부분입니다. 누구를 어떻게 선발할 것인가? 혁신 리더의 선발 측면에서 많은 회사가 계층에 상관없이 성과 우수자나 능력이 탁월한 구성원을 위주로 선발하는 경우가 많습니다. 개인 능력이 높은 직원들을 선발하는 회사는 그래도 혁신의 중요성에 대해서 인식하고 있다는 측면에서는 긍정적으로 볼 수 있습니다. 다만, 성과 우수자나 능력이 탁월한 구성원들만으로 혁신 리더를 구성하였을 경우 개인의 성과에만 집중하느라 조직에 대한 헌신에 소홀해질 우려가 있습니다. 사원 또는 대리 등 실무 직급 위주로만 선발하는 경우는 혁신 활동을 회사 이벤트 수준 정도로 인식할 수가 있습니다. 또한, 구성원들의 입장에서도 사원들 위주로 진행되는 활동에 그 중요성이나 무게감을 공감하지 못할 수가 있습니다. 무엇보다 생각해 봐야 할 것은 아직도 명확한 기준보다는 일 잘하는 직원, 적극적인 직원, 소통 잘하는 직원이 주로 선정되는 실정입니다. 따라서 이번 A사의 혁신 리더 선발은 과장, 차장급으로…"

류 소장은 선발 기준에 대해 이어서 설명했다.

"일단, 각 부문/사업부에서 해당 임원이 혁신 리더 후보를 추천하고, 사무국의 검증 결과를 바탕으로 CEO가 최종 승인을 합니다. 인원은 조직의 규모에 따라 다르지만 20~30명 전후에서 인원이 결정됩니다. 물론 최대 50명 이상까지 임명하는 조직도 있습니다. 그러나 너무 많은 인원은 혁신 리더의 전문성과 희귀성 측면에서 바람직하지 않다고 봅니다."

류 소장은 플립차트에 KSA&E$^{Knowledge, Skill, Attitude \& Experience}$라고 커다랗게 썼다. 다음에 Attitude & Experience라고 쓰고 밑줄을 그으면서 설명을 계속했다.

"우선 Attitude 즉, 태도와 마음 자세 그리고 Experience 즉, 경험 측면을 보고 선발해야 합니다. 일반적으로 지식과 스킬만 드러나고, 태도와 마음 자세 측면이 간과되는 경우가 많습니다. 오히려 관련 지식과 스킬은 가지고 있지만 부적절한 태도를 가진 사람은 조직에 기여를 할 수가 없습니다. 일본 직장인들이 가장 존경하는 CEO인 이나모리 가즈오 교세라 명예회장은 그의 책 '왜 일을 하는가'에서 '인생 방정식'을 언급했습니다. '인생과 일 = 능력 X 열의 X 사고방식'이라고 했습니다. 그런데 마이너스(-) 사고방식을 가지고 있으면 아무리 능력이 좋고 열의가 높아도 인생은 마이너스 상태에 머물고 만다고 했습니다. 마찬가지로 풍부한 지식과 스킬을 가진 구성원일수록, 그들의 태도에 결함이 있는 경우 오히려 조직에 커다란 피해를 줄 수 있습니다. 따라서 태도와 경험 측면을 보고 선발한 다음, 지식^{Knowledge}과 스킬^{Skill}은 선발 후에 육성 계획에 의해서 쌓을 기회를 주는 것이 바람직합니다."

1) 혁신 리더 선발 조건

이어서 류 소장은 설명 자료에 있는 '혁신 리더가 갖춰야 할 태도/자세^{Attitude}와 경험^{Experience}'을 같이 볼 것을 제안하면서 사업부/부문에서 후보자를 추천할 때 참고하도록 했다.

(1) 태도/자세^{Attitude}

- 현실 감각이 있고 문제의식이 있는 자세

- 자신감이 넘치고, 적극적인 자세

- 소신이 있으며 자발적이면서 신뢰성 있는 자세

- 사명감과 주인의식이 있는 자세

- 창의적 사고를 하고 설득력 있는 자세

- 잘난 척하지 않고 권위적이지 않은 협조 중심의 자세

- 용기를 가지고 독립적인 의사결정을 할 수 있는 자세

- 책임감이 강하고 이를 완수하려는 자세

- 경청을 잘하고 남을 신뢰하고 상대방을 이해하려는 태도

- 인내심과 스트레스에 대한 내성이 강한 사람

- 프로젝트 일정에 따라 다른 업무로 전환할 수 있는 유연성

- 실패를 기꺼이 수용하여 수정하는 자세 등

(2) 경험^{Experience}

- 프로젝트 관리 경험

- 회의나 워크숍 등 퍼실리테이션 경험

- 전문 영역에서 사내 컨설턴트 경험

- 사내 강사 경험

- 주니어보드 활동 경험 등

"이상과 같은 조건에 해당하는 인재를 추천해주시되, 기본적으로 자기 주도성이 높은 구성원 중에서 선발이 되면 좋겠습니다. 추천 일정은 앞에서 황 과장께서 안내한 일정에 따라 협조를 부탁합니다."

류 소장에게서 마이크를 넘겨받은 황 과장은 "이번에 추천해주신 후보자는

한 차례의 검증 절차를 거칠 예정입니다. 왜냐하면, 과거의 경험을 보면 사업부에서 인원을 추천할 때 일 잘하고 인정받는 구성원은 추천에서 배제한 경우가 있었습니다. 이번 프로그램은 정말 중요합니다. 따라서 사업부에서는 앞에서 류 소장께서 설명한 필요조건에 맞는 핵심 인재를 추천해주시길 바랍니다. 아무도 검증 과정에서 탈락하지 않기를 바랍니다. 이번 주말까지 추천 관련 서류를 보내드리겠습니다. 일정을 지켜주시면 고맙겠습니다. 이상으로 설명회를 마칩니다. 감사합니다."

황 과장의 강한 의지를 읽은 참석자들은 예전과는 다른 분위기를 느끼며 자리를 떴다. "황 과장님 카리스마가 대단한데요. 하하." 류 소장이 인사를 건네자. "제가 너무 과장했나요? 워낙 중요한 사안이다 보니…" "아닙니다, 황 과장 잘했습니다. 과거와는 다르다는 메시지를 전달할 필요가 있었습니다." 하고 나 팀장도 칭찬했다.

자기 주도성Personal Initiative

경영학자인 그랜트Grant. A.M와 애쉬포드Ashford. S.J는 자기 주도성Personal Initiative을 가진 구성원들의 행동을 다음과 같이 언급했다.
'윗사람이 시키지 않아도, 스스로 자신의 업무 목표를 설정하고 추진해 가는 구성원', '미래에 닥칠지도 모를 장애물들을 사전에 예상하고, 이를 극복할 수 있는 대책들을 사전에 준비해 두는 구성원',
'비록 자신에게 주어진 업무(또는 의무)는 아니더라도, 조직의 성공 및 발전을 위해 참신한 아이디어를 적극적으로 제안하는 구성원'
이처럼 자기 일에 대해 주인의식을 갖고 자발적으로 추진해 가는 구성원의 행동은 많은 조직이 바라는 이상적인 구성원의 모습 중 하나일 것이다.

출처: '자기 주도성', 조직의 혁신과 변화의 동력- Weekly 포커스

6. 혁신 리더 선발의 틀을 바꾸자

류 소장은 인사조직개발 담당 임원인 천 상무와 조직개발팀장인 나 팀장, 황 과장과 함께 혁신 리더 후보자 면담을 시행했다. 대부분 조직에서는 해당 사업부/부문에서 추천한 후보자를 여과 없이 혁신 리더로 활용한다. 추천한 사업부/부문의 체면도 있고, 회사에서 정한 기준에 따라서 후보자를 추천했다고 암묵적으로 인정하기 때문이다. 그러나 추천한 후보자를 검증 작업 없이 그대로 혁신 리더로 활용하다 보니 형식적으로 참여하거나, 추진력이 떨어지는 등의 문제점이 발생하였다.

류 소장은 최종 탈락한 후보자와 해당 부문의 불만 등이 예상되지만, 대승적인 차원에서 검증 단계 즉, 혁신 리더 후보자 면담을 통해서 최종 혁신 리더를 선발하자고 제안했었다. 류 소장의 복심은 미달하는 혁신 리더 후보자를 탈락시키는 검증 단계도 중요하지만, 더 중요하게 생각한 것이 있었다. 전에 없었던 이런 프로세스를 사전에 알림으로 해서 기존의 프로그램과 차별화한다는 의미와 사업부에서 후보자를 선정할 때 좀 더 신중하게 사업부를 대표하는 우수 관리자를 추천해줄 것이라는 전략이 숨어있었다.

1) 혁신 리더 선발 인터뷰

사업부의 규모에 따라서 1~2명씩의 혁신 리더 후보자를 추천받았다. 총 40명의 후보자가 20명씩 오전과 오후로 나눠서 별관 회의실 대기실에 모였다. 오전 10시부터 조직개발팀의 김진실 대리의 설명과 안내로 4명씩 인터뷰가 진행되었다. 합격의 의미가 아니라 조건이 안 되는 후보자를 걸러내는 것이 목적인 만큼 인터뷰에 중점을 두고 체크리스트$^{Check List}$는 참고만 하기로 했다.

표 1. 주요 인터뷰 사항

Q1. 본인 스스로 생각하기에, 혁신 리더 활동을 하게 되면 당신이 발휘할 수 있는 가장 큰 강점은 무엇이라고 말할 수 있는가?
Q2. 지금까지 경험한 프로젝트 중에서 가장 자랑스럽게 여기는 프로젝트는 무엇이며 그 프로젝트의 성공 요소는 무엇이라고 생각하는가?
Q3. 본인 스스로 직무 성과를 높이거나 책임 영역을 넓히기 위해서 무엇을 해 왔는가?
Q5. 함께 일을 해내는데 요구되는 여건, 즉, 회의 또는 조사 등으로 잦은 출장등을 감수할 수 있는가?
Q6. 당신이 실행하고자 하는 혁신 리더 활동 과제는 무엇인가?
Q7. 혁신 리더 활동에 대해 당신이 궁금하게 여기거나 미리 확인하고 싶은 것은 무엇인가?

표 2. 혁신 리더 후보 선발 체크리스트

혁신 리더 활동 목표 달성에 필요한 능력	5점
▪ 혁신 리더 활동하는 데 필요한 전문적 기술을 갖추고 있다.	
▪ 현존 지식과 기술을 답습하지 않고 새롭게 보완하는 노력을 하고 있다.	
▪ 결과 중심의 업무처리 방식이 몸에 배어 있다.	
▪ 프로젝트를 성공시킨 경험이 있다.	
▪ 프로젝트를 개시부터 종료까지 관리할 능력과 지식이 있다.	
대인 관계를 효과적으로 유지하거나 발전시킬 역할 행동	
▪ 문제를 해결하는 의사결정에서 구성원의 협력을 끌어낼 수 있다.	
▪ 팀 내에서 의사소통이 원활하고 다른 의견을 잘 수용할 수 있다.	
▪ 목표 달성을 위해서라면 정해진 것 이상의 행동도 할 수 있다.	
▪ 조직 내에서 어떠한 역할이 맡겨져도 이를 해내는 유연성이 있다.	
▪ 자신의 어려움보다는 타인의 사기 증진을 먼저 생각할 수 있다.	
팀 공헌에 집중하는 역할 행동	
▪ 더 나은 것을 성취하려는 열정이 있다.	
▪ 자신의 목표보다는 조직의 목표를 먼저 생각하고 몰입할 수 있다.	
▪ 조직의 체계에 따르며 적절하게 대응할 탄력성이 있다.	
▪ 조직의 강, 약점을 파악하고 받아들여 현실적으로 적응할 수 있다.	
▪ 과제에 대한 압박과 자신의 스트레스를 효과적으로 극복할 수 있다.	

오전, 오후 각 2시간씩 진행된 인터뷰가 끝나자, 4명의 면접자^{Interviewer}는 진이 빠진 모습이었다. 인터뷰 결과는 황 과장과 김진실 대리가 내일 오전까지 정리해서 보고서를 작성하기로 했다.

"오늘 수고하셨는데 저녁이나 같이하시지요?"

천 상무의 제안으로 5명은 회사 근처의 독일식 소시지 전문점으로 자리를 옮겼다. 식당 내부는 마치 독일의 한복판으로 착각할 정도로 종업원 옷차림부터 인테리어까지 신경을 많이 썼다. 천 상무는 다양한 독일식 소시지 모음을 앞에 놓고 생맥주로 건배를 제안했다. 이어서 오늘 검증 과정에 대해서 말을 열었다.

"류 소장님께서 제안한 검증 과정을 갖겠다고 했더니 임원들의 불만이 많았습니다. 예상은 했었지요. 그러나 제가 취지를 잘 설명했더니 이해하는 분위기였습니다. 그래서 그런지 오늘 온 후보자들은 사업부의 대표선수라고 해도 과언이 아닌 것 같습니다. 어떻습니까? 나 팀장, 황 과장은 어땠지?"

나 팀장이 먼저 생맥주를 한 모금 마시고 다소 흥분한 목소리로 "저도 그렇게 느꼈습니다. 혹시나 했는데 인터뷰하면서 괜히 기분이 좋더라고요. 이런 친구들을 혁신 리더로 정해서 하면 좋은 결과^{Output}가 나올 것 같다는 확신이 들었습니다." 하면서 동조를 구하듯 류 소장을 한번 쳐다보았다.

"저도 인터뷰를 진행하면서 뿌듯했습니다. A사에 인재가 정말 많다는 생각도 했습니다. 물론 몇 명은 제 기준으로 봐서 미흡한 후보자도 있었지만, 태도 측면에서는 문제가 없는 듯합니다. 내일 최종 집계된 내용을 바탕으로 결정하시지요!"

황 과장과 김 대리는 내일 본인들의 책무가 무거운 것을 느꼈는지 조용히 듣기만 했다.

2) 혁신 리더 최종 선발

다음 날 오후에 인사조직개발 회의실에는 어제의 5명이 다시 모였다. 천 상무는 황 과장의 집계 보고를 들으면서 만족해하는 표정을 지었다. 평균 4.0을 커트라인으로 정했는데 37명이 4.0을 넘었다. 3명은 기준에는 미흡하게 되나 태도 측면에서는 좋은 점수를 받은 후보자들이었다. 어제 류 소장이 언급했던 후보자들이었다. "류 소장님 어떻게 하는 것이 좋겠습니까?" 천 상무는 류 소장에게 조언을 구했다.

"선정 기준에서 태도가 가장 핵심입니다. 그런 측면에서 이들은 모두 합격한 것이나 마찬가지입니다. 모두 합격시키면 어떨지요?"

"저도 같은 생각입니다. 상무님. 이번 검증 과정은 합격 불합격의 문제가 아니라 우수한 인재를 확보하자는 취지에서 시작한 것으로 소기의 목적은 달성했다고 봅니다."

나 팀장도 거들고 나왔다.

"저도 그렇게 하는 것이 좋다고 생각합니다." 황 과장도 같은 의견임을 표시했다. 잠시 생각하던 천 상무가 입을 열었다.

"좋습니다. 일리가 있네요. 그렇게 하시지요. 제가 CEO께 그렇게 보고하겠습니다."

이렇게 해서 A사의 40명의 혁신 리더가 최종 채택이 되었다.

7. 혁신 리더 활동을 홍보하라

혁신 리더 확정에 대한 CEO의 최종 재가를 얻은 인사 담당 천 상무는 나 팀장과 혁신 리더 프로그램 공식적인 선포와 혁신 리더 임명에 대한 자리를 언제 가질 것인가를 논의했다. 최적안은 경영 회의에서 임원들의 지지 하에서 실시하되 혁신 리더 임명장을 세련된 패(牌)로 제작해서 CEO가 전 임원 앞에서 상징적으로 수여하면 사기 측면에서 도움이 된다는 것이다. 그리고 온라인 회사 사보에도 한 면을 할애해서 혁신 리더 명단과 임명식 내용부터 계속해서 혁신 리더의 활동을 게재하여 알리고 홍보하는 것으로 정했다. 황 과장과 김진실 대리는 일사천리로 혁신 리더 프로그램 시행 안내와 임명식에 대해 준비했다.

1) 혁신 리더 임명식 개최

2주 후 매월 격주 월요일에 실시하는 경영 회의가 시행되었다.

"혁신 리더는 저의 분신이며, 혁신의 전도사 겸 투사처럼 행동할 것입니다. 이들이 조직 변화를 이끌어 가는 데 여러분의 적극적인 도움이 필요합니다. 여러분이 지지와 참여를 보내 주시면 혁신 리더 활동은 더욱 순조롭게 진행될 것입니다. 김형철 연세대 철학과 교수는 '세상은 언제나 변하는데, 이 변화에 자신을 맞춰가려는 것이 혁신'이라고 했습니다. '혁신 없이는 세상을 제대로 볼 수 없다'라고 말하였습니다. 문제가 생겼을 때 세상의 변화를 탓하는 것은 의미가 없고, 변화에 적응하지 못하는 자신에게 문제가 있음을 깨달아야 한다고 하면서, 장자 산목(山木) 편에 나오는 '사마귀 우화'를 인용하였습니다. 사마귀 우화는 장자가 과일나무에 내려앉은 까치를 활로 쏘려는데, 까치는 사마귀를 잡느라 정신이 팔려 자신이 위태롭게 되는 줄을 모르고 있었다는 내용입니다. 따라서, 혁신 리더는 제삼자 입장에서 무엇이 우리 조직의 문제인지, 즉, 업무 프로세스, 사업/제품, 조직문화 측면에서 조직의 문제점을 볼 것이고, 개선 사항을 도출할 것입니다. 동시에 뉴 비전 달성에 필요한 활동도 겸할 것입니다. 올해가 혁신 리더의 원년입니다. 매년 혁신 리더를 선발해서 진행하겠습니다. 그만큼 이번에 선발된 1기 혁신 리더들에게 기대하는 바가 큽니다. 서로가 혁신 리더가 되고 싶어 할 수 있도록 모범과 성과라는 두 마리 토끼를 잡을 수 있었으면 좋겠습니다. 다시 한 번 혁신 리더 프로그램에 대한 여러분의 적극적인 지원을 부탁드리며 마치겠습니다."

CEO의 강력한 메시지에 참석한 임원들은 예년과 다른 분위기를 읽은 듯했다. CEO는 혁신 리더 40명에 대해서 일일이 악수하며 혁신 리더 임명 패(牌)를 수여하고 추가로 '1기 혁신 리더'라고 새겨진 고급 휴대용 외장 하드를 하나씩 전달했다. 좋은 자료를 모으고 정리하는 데 활용하라는 뜻이다. 혁신 리더들은 긴장감과 각오를 새롭게 새기는 모습이었다. 진행을 도운 황 과장을 포함한 조직개발 팀원들은 책임감에 대한 또 다른 긴장감을 느끼는 듯했다.

"지금까지의 다른 임명식과는 차별화되는 진행이었다고 임원들이 칭찬을 해주었네. 그리고 임명 패도 심플하면서 세련되었다는 의견이고, 특히 휴대용 외장 하드 전달 아이디어도 좋았다고 하네. 수고들 했네." 경영회의가 끝나고 임원실에 들른 나 팀장과 황 과장에게 천 상무가 격려해주었다. "오후 2시에 혁신 리더 킥오프 미팅Kick-off Meeting에서 상무님께서 한번 더 중요성에 대해서 강조해 주시지요." "오케이, 당연히 참석해서 격려해주어야지. 류 소장께서도 참석한다고 했지?" "네, 2시 전에 도착해서 함께 준비하기로 했습니다."

2) 혁신 리더 킥오프 미팅Kick-off Meeting 및 활동 프로세스 안내

오후 1시 30분, 24층에 있는 HRD Human Resource Development 센터의 중강의실에서는 황 과장과 김 대리가 킥오프 미팅Kick-off Meeting을 준비하고 있었다. 같은 시간 나 팀장은 류 소장에게, 최근에 리모델링한 HRD 센터를 안내했다. 사내 교육훈

련도 책임지고 있는 나 팀장은 거의 3개월 만에 최신 교육장으로 변신한 HRD 센터를 자랑스럽게 소개했다. HRD 센터에는 중강의실 2개, 소강의실 5개가 있는 꽤 규모가 큰 교육시설이었다. 그중 2개의 소강의실은 혁신 미팅 전용실로 가구 배치와 인테리어가 예사롭지 않았다. 시간이 되자 오전에 임명된 혁신 리더들이 한두 명씩 킥오프 미팅 장소로 들어섰다. 천 상무의 진지한 당부의 말을 듣는 혁신 리더들의 자세에서 마치 전쟁터에 나가는 장수들의 비장함이 엿보였다. 천 상무가 돌아가자 황 과장이 향후 혁신 리더 운영 프로세스에 관해서 설명했다.

그림 1. 혁신 리더 운영 프로세스

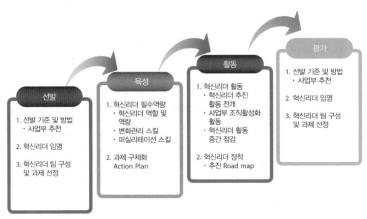

황 과장의 향후 일정 및 프로세스 설명에 대해서 많은 관심을 보였다. 그중에서도 상근$^{Full Time}$이 아닌 비상근$^{Part Time}$으로 활동하는 데 따라 예상되는 어려움에 대해서 걱정하는 혁신 리더들이 꽤 있었다. 이에 대한 보충 설명으로 나 팀장이 나섰다.

"네, 여러분이 혁신 리더 활동하는데 비상근으로는 여러 가지 어려움이 있음을 압니다. 특히, 기존 업무에 대한 처리와 성과에 대한 걱정이시지요? 그렇지 않아도 지난번 임원 회의에서 CEO가 계신 자리에서 인사조직개발 담당 임원께서 참석한 사업부장들께 당부 말씀을 드렸습니다. 사업부별로 해당 팀장 즉, 여러분의 직속 팀장들에게 업무 조정할 수 있도록 조치하고, 성과는 혁신 리더 활동의 결과를 소속 팀의 성과와 연계해서 관리하는 것으로 인사에서 평가 제도를 보완하기로 했습니다. 말이 비상근이지 실제는 상근과 같이 활동할 수 있도록 전사적으로 지원할 것을 약속합니다."

나 팀장의 설명을 듣고 혁신 리더들은 안심하는 분위기로 돌아섰다.

3) 혁신 리더 활동 이점

인사조직개발 부문에서 추천받은 인사팀의 이인재 과장이 평소에 안면이 있어서인지 스스럼없이 류 소장에게 질문을 했다.

"류 소장님, 혁신 리더로서 과제 활동에 참여하게 되면 어떤 구체적인 이점이 있는지 좀 알려주십시오."

류 소장은 "네, 좋은 질문입니다. 이 과장님이 혁신 리더 활동에 대해 평소에 관심이 많다는 얘기를 들었습니다." 류 소장은 흐뭇한 표정으로 이 과장을 바라보다, 전체 혁신 리더 대상으로 설명을 이어갔다.

"혁신 리더로 활동하게 됨으로써 얻게 되는 이점을 세 가지로 축약해서 설명하겠습니다.

첫째, 전사 차원에서 뉴 비전과 전략과 연계된 혁신 프로세스를 이해할 수 있습니다. 혁신 과제를 수행하는 과정에서 경영층의 생각과 회사 현실을 보다 자세히 파악할 수 있는 경험과 혁신 과제를 해결하는 과정에서 문제 해결 능력을 키울 수 있습니다.

둘째, 회사에서 인정받을 좋은 기회가 됩니다. 혁신 과제 수행 기간에 임원들에게 보고할 기회도 자주 얻게 되고. 사업부의 전략에 대해서 함께 논의할 기회도 주어집니다. 혁신 리더로 선발된 것 자체도 중요한 의미이고 더욱이 이번 과정에서 자신의 숨은 역량을 드러낼 기회도 많습니다. 실제로 C 화학회사에서는 혁신 리더 풀에 들어가는 순간 조직의 핵심 인력으로 인정받는 것으로 인식되어서 혁신 리더로서의 자부심이 대단합니다.

셋째, 선진 혁신 방법론과 스킬을 습득할 수 있습니다. 혁신 과제를 수행하기 위해서는 다양한 혁신 방법론 및 스킬을 습득합니다. 이를 통해서 역량을 배가시킬 수 있습니다. 또한, 혁신 리더 활동에는 다양한 구성원들을 참여시키고 지원받아야 합니다. 이를 위해서는 구성원들을 설득하고 이해시킬 수 있는 효율적 의사소통 방법 등을 학습하고 경험하게 될 것입니다."

혁신 리더들은 집중해서 류 소장의 설명을 들었다.

8. 내부 컨설턴트로서 혁신 리더를 육성하자

1) 혁신 리더 육성

"많은 회사가 혁신 리더를 선발한 이후 그들의 육성에 대해서는 그다지 관심을 기울이지 않고 있습니다. 그러다 보니 혁신 리더 자신도 개념적인 필요성 인식 단계에 머물러 있고, 전문성을 가지고 변화 활동을 추진하는 경우는 드뭅니다. 물론 모두를 장기간 변화 전문가로 육성해야 하는 것은 아니지만, 적어도 일정 역량(수준)을 갖춘 혁신 리더로 육성해야 합니다. 회사 비전 및 전략, 변화관리 프로세스, 퍼실리테이션 스킬 등에 대한 교육내용은 반드시 필요합니다. 특히 그들 스스로 회사의 핵심 가치에 부합하는 변화관리의 실천 항목들을 실행하고 해결안들을 찾아볼 수 있는 활동 시간을 보장하는 것도 필수적입니다."

류 소장은 혁신 리더 육성 로드맵을 보여주면서 설명했다.

2) 혁신 리더 육성 로드맵^{Road Map}

"본격적인 혁신 리더 육성 워크숍은 2박 3일 과정부터 시작합니다.

변화관리 프로세스, 혁신 리더의 역할과 필요 역량, 퍼실리테이션 스킬, 변화과제 선정 및 실행계획 등을 포함합니다. 변화관리 프로세스는 변화관리 활동의 틀과 원리 등을 가지고 접근하도록 하기 위해 필요합니다. 변화과제를 실행하기 위한 퍼실리테이션 스킬도 필수적으로 포함합니다."

그림 2. 혁신 리더 육성 로드맵

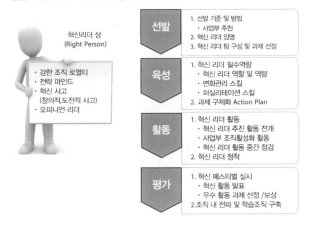

혁신 리더는 회사의 **비전 전도사**로서, 조직의 비전 달성을 위한 실행 과제를 수립/실행하고, 또한 조직 변화, 조직문화에 대한 구성원의 의견을 수렴하는 역할을 수행한다.

혁신리더 상
(Right Person)

- 강한 조직 로열티
- 전략 마인드
- 혁신 사고
  (창의적/도전적 사고)
- 오피니언 리더

선발
1. 선발 기준 및 방법
   - 사업부 추천
2. 혁신 리더 임명
3. 혁신 리더 팀 구성 및 과제 선정

육성
1. 혁신 리더 필수역량
   - 혁신 리더 역할 및 역량
   - 변화관리 스킬
   - 퍼실리테이션 스킬
2. 과제 구체화 Action Plan

활동
1. 혁신 리더 활동
   - 혁신 리더 추진 활동 전개
   - 사업부 조직활성화 활동
   - 혁신 리더 활동 중간 점검
2. 혁신 리더 정착

평가
1. 혁신 페스티벌 실시
   - 혁신 활동 발표
   - 우수 활동 과제 선정 /보상
2.조직 내 전파 및 학습조직 구축

류 소장은 여기까지 설명하고 지지를 바란다는 듯 쳐다보고 계속 설명을 이어갔다.

"혁신 리더 육성과정에서 가장 중요한 부분이 변화과제 선정 및 실행계획 수립입니다. 변화과제는 몇 가지 전제가 있어야 합니다.

첫째는, 실질적인 변화를 이루어 내기 위해서는 개인과 조직의 일하는 방식이 다루어져야 합니다.

둘째는, 이렇게 결정된 변화과제의 세부 실천 아이디어들을 브레인스토밍 Brainstorming 하여 도출하는 것입니다.

셋째는, 수집된 아이디어들을 효과성과 효율성의 관점에서 선정하는 것입니다. 효과성은 어떤 활동들을 적용했을 때 더욱 많은 구성원이 변화의 필요성을 체감하고 동참할 것인지를 판단하는 것이고, 효율성은 현재의 자원을 가지고 실제 적용이 가능할지, 기간이 얼마나 걸릴지 등을 판단하는 것입니다. 물론 최종적인 확인은 교육 후에 주관부서인 조직개발팀과 해당 사업부 임원과의 논의를 통해 가능 여부를 타진한 후 CEO의 최종 승인을 받습니다."

3) 변화과제 준비

"회사는 혁신 리더가 제안하는 혁신적인 과제들에 대해 가능한 수용하고 실행하는 데 최대한의 지원을 아끼지 말아야 합니다. 혁신 리더에 대한 CEO의 관심과 비중 있는 과제의 실행은 혁신 리더의 중요성과 위상을 조직 내에 각인시키는 효과를 가져다줄 수 있습니다. 그뿐만 아니라 이렇게 부여된 과제를 해결하기 위해 혁신 리더가 제시하는 방안들에 대해서는 최대한 추진될 수 있도록 회사가 적극적으로 관심을 두고 지원해야 합니다."

"혁신 리더와 관련하여 가장 중요한 사항은 혁신 리더의 독립적인 활동을 보장하는 여건을 마련하는 것입니다. 이상적으로는 혁신 리더가 해당 기간 변화관리 업무만 수행하도록 전임제$^{Full\ Time}$로 하는 것을 추천하지만, 현실적인 여건상 변화관리 업무만 집중하는 것은 불가능한 것으로 압니다. 다만 적어도 혁신 리더들을 위한 업적평가의 기준과 반영 비중 등을 다르게 가져가거나, 현 소속팀의 업무를 분배하는 과정에서 혁신 리더의 업무를 고려하여 배분하는 등의 조직 차원에서의 배려와 지원이 필요합니다. 그리고 과제 해결을 위해서 지속적인 학습 기회가 제공되고, 전문가 그룹과의 교류 그리고 같이 고민하는 사람들과의 접촉 기회를 얻도록 독려해야 합니다.

혁신 리더의 역할은 단순히 변화관리를 주도하는 데에 그치는 것이 아닙니다. 혁신 리더 본인이 변화의 과정과 결과에 대한 역할 모델로서 제시되어야 합니다. 궁극적으로는 조직의 모든 구성원이 혁신 리더처럼 일하고 실행하도록 하는 것이 목표여야 하므로 혁신 리더의 역할 그리고 파급 효과는 더욱 중요하게 다루어져야 합니다."

"류 소장님, 좋은 말씀 감사합니다. 여러분, 이것으로 프로세스 설명 시간을 마치고, 다음 주 목요일부터 실시하는 혁신 리더 워크숍에 대한 안내는 이번 주 금요일까지 소속 팀장께 보내드리겠습니다. 전원이 참석할 수 있도록 팀장과 상의해서 업무 조정 부탁드립니다. 감사합니다."

나 팀장과 류 소장은 강의장을 떠나는 혁신 리더들과 일일이 악수하며 격려했다. "잘 끝난 것 같습니다만, 긴 하루였습니다." 하며 다가온 황 과장과 나 팀장은 하이파이브를 했다.

표 3. 혁신 리더 워크숍 소집 안내서

혁신 리더 워크숍 소집 안내서

다음과 같이 혁신 리더 워크숍을 진행하고자 하오니
사업부장, 팀장께서는 적극적인 협조 부탁드립니다.
– 다음 –

- 목적: 이 워크숍은 변화의 조직적인 측면에 초점을 맞춤으로써, 혁신 리더의 역할에 대한 노력을 더욱 효과적으로 강화하고자 실시함.
  - 혁신 리더 역할 공유 및 혁신 마인드 제고
  - Change Management 역량 제고
  - 퍼실리테이터로서의 혁신 리더 역량
  - 혁신 과제 Action Plan 수립
- 일정: 2박 3일
- 장소: 인재개발원
- 참석 대상: 혁신 리더 전체, 사무국
- 일정표

	1일 차	2일 차	3일 차
09:00~10:00		Change Management 단계별 혁신 리더 역할(1)	퍼실리테이터로서의 혁신 리더와 소통 기법
10:00~11:00	–인사 임원 인사		
11:00~12:00	–팀 빌딩		
12:00~13:00	중식		
13:00~14:00	혁신 리더 역할의 중요성		–혁신 과제 Action Plan 수립,
14:00~15:00		Change Management 5단계 (2)	–발표/공유
15:00~16:00			
16:00~17:00	혁신 리더 역량		Wrap–up
17:00~18:00			
18:00~19:00	석식		
19:00~20:00	혁신 과제 준비	CEO 특강 및 만찬	
20:00~21:00			

제2부

생존 관점에서
혁신 리더 역량을 혁신하라

형식보다 본질에 집중하라: 혁신 리더 육성 워크숍 1

1. 워크숍 안내

건립한 지 20년이 훨씬 넘어서 작년 1년 동안 리모델링을 했다는 A그룹 인재개발원은 새롭게 지은 것처럼 세련되어 보였다. 과연 주변 자연과 어울리는 최고의 연수원이라는 데 류 소장은 인정했다.

10시부터 시작이지만 사무국은 준비 때문에 1시간 전부터 와서 준비하고 있었다. 별관 2층의 중강의실에서 류 소장은 김진실 대리와 함께 준비물이 잘 비치되어 있는지 하나하나 점검했다. 4명이 1팀으로 10개 팀이 활동할 수 있도록 배열Lay-out이 잘 되어 있고, 팀별로 플립차트Flip chart 1개와 작성용 컬러 매직펜, 노트북 1대, 두 종류 사이즈의 포스트잇Post-it과 메모 노트 그리고 개인 명패 등이 잘 준비되어 있었다. 점검이 거의 다 되어갈 무렵 황 과장이 혁신 리더들과 함께 버스로 도착했다는 문자가 왔다.

강의장에 들어오는 혁신 리더들은 오랜만에 인재개발원에 온 듯 한층 들떠 있는 모습이었다.

팀 배정은 과제 활동의 효과성을 고려해서 같은 사업부의 혁신 리더로 편성했고, 인원수가 적은 소규모 사업부는 이동 거리를 고려해서 같은 팀으로 편성했다.

황 과장은 2박 3일의 1차 워크숍에 대한 오리엔테이션을 진행하면서 다시 한번 3일간의 프로그램을 설명했다.

표 4. 혁신 리더 워크숍 일정표

○ 1일 차: - 인사조직개발 담당 임원 당부 인사
         - 팀 빌딩(Team Building Activity)
         - 혁신 리더 역할의 중요성
         - 혁신 리더 역량
         - 혁신 과제 준비
○ 2일 차: - Change Management 단계별 혁신 리더 역할
         - CEO 특강 및 만찬
○ 3일 차: - 퍼실리테이터로서의 혁신 리더
         - 실행과제서 작성
         - 발표/공유 & Wrap-up

인사조직개발 담당 천 상무는 두 시간이 걸리는 거리를 마다치 않고 참석해서 혁신 리더는 CEO의 분신이며 모든 임직원이 지켜보고 있으며, 임원들도 적극적으로 혁신 리더 활동을 지원할 것임을 다시 한 번 확인시켜 주었다. 천 상무의 인사말이 끝나고 바로 황 과장이 진행을 맡았다.

첫 번째 세션인 팀 빌딩 활동Team Building Activity을 실시했다. 인증 퍼실리테이터 자격을 가진 황 과장은 A사뿐만 아니라 그룹 내에서도 탁월한 퍼실리테이터로 알려져 있다.

2. 세션 1 – 성공하는 기업은 혁신 리더 육성 워크숍이 다르다

1) 팀 빌딩 활동^{Team Building Activity} 실시

황 과장은 팀 내에서도 일부 처음 보는 혁신 리더가 있을 수 있고, 1년간 함께 활동할 혁신 리더 간 서로를 소개하는 시간을 제일 먼저 마련했다. 준비한 명패 앞면에 소속, 직위, 성명을 컬러 펜으로 작성하게 하고, 뒷면에는 이번 혁신 리더 활동을 통해서 배우고자(얻고자) 하는 기대사항을 볼펜으로 적게 했다. 그리고 돌아가면서 지금까지의 경력을 포함해서 자기소개하고 기대사항을 발표하면서 서로에 대해서 이해했고, 자연스럽게 팀 리더도 선정했다. 다음은 효과적인 팀 활동을 위해서 '팀 차터^{Team Charter}(팀 헌장: 팀의 소개, 팀의 목표, 역할, 운영 원칙 등을 명시한 팀 가이드 라인)'를 작성하는 시간을 가졌다. 자기소개 시간에 선발된 팀 리더는 팀원들과 협의해서 역할 분장을 했다. (될 수 있는 대로 전원이 역할을 맡는 것이 '무임승차'를 미연에 방지할 수 있다) 팀원의 역할로는 팀 회의에서 논의 내용을 정리하고, 활동 내용을 게시판에 입력, 관리하고 최종 보고 장표까지를 책임지는 '서기^{Writer}' 역할이 먼저 정해졌다. 다음은 활성화된 팀 활동이 되도록 팀원들을 지원하고, 회사 내부 커뮤니케이션을 담당하는 '대변인^{Spokesperson}' 그리고 우수 조직의 벤치마킹, 외부 자료 확보 등 대외 협력을 담당하는 '활동가^{Activist}'가 정해졌다.

이어서 1년 동안 지켜야 할 팀 운영 원칙^{Ground Rules}을 정했다. 그리고 마지막 활동으로 팀을 상징하는 팀 이름을 창의적으로 만드는 시간을 가졌다.

2) 팀 차터 ^{Team Charter} 만들기

표 5. 팀 차터 양식

Team Charter	
팀명	
팀 역할	
팀 운영 원칙	

표 6. 팀 차터 예시

Team Charter	
팀명	글로벌 인재 혁신
팀 역할	★팀 리더: 000 팀 활동 일정계획, 퍼실리테이션, 사무국과 커뮤니케이션 ★서기: 000 주요 의사결정 사항들과 실천 항목들을 정리, 팀원에게 배포, 공유 ★대변인: 000 내부 커뮤니케이션, 대외 활동
팀 운영 원칙	▪ 주요 의사결정 사항은 팀원의 합의로 결정한다. ▪ 모든 팀원은 의사결정이 이루어지기 전에 자신들의 생각과 의견을 충분히 발표하도록 한다. ▪ 주요 이해 당사자들의 프로젝트에 대한 이해 및 참여도를 높이기 위해 전 과정에 주요 이해 당사자들을 적극적으로 참여시킨다.

휴식 시간에 황 과장은 천 상무와 나 팀장, 류 소장에게 한 장의 평가표를 나눠주었다. 1년간 혁신 리더 활동의 중요성을 유지하기 위해서 첫 번째 활동인 팀 차터 내용과 발표부터 평가하기로 했다. 혁신 리더들은 사전에 황 과장으로부터 평가가 있다는 언질을 받아서인지 나름으로 의미 있는 팀 차터가 만들어졌다. 황 과장은 1팀부터 10팀까지 발표 시간을 진행했다. 뒷자리에서 3명의 평가자도 관심을 두고 발표 내용을 지켜보았다.

팀 차터 발표에 대한 평가를 마치고 천 상무는 회사로 돌아가고, 3위 이내에 포함된 팀 이름을 발표하고 시상으로 상품권을 전달했다.

김진실 대리는 다음 시간인 류 소장의 '혁신 리더 역할의 중요성'에 대한 강의 준비를 위해서 노트북 설치를 도와주었다.

3. 세션 2 – 혁신 리더의 역할 찾기

1) 99°C의 물

류 소장은 두 번째 세션 시간으로 '혁신 리더 역할의 중요성'에 대해서 강의했다.

"조직의 변화 활동에 있어서 혁신 리더의 역할이 매우 중요합니다. 그렇지만 혁신 리더가 지금까지의 조직 관행을 바꾸려는 혁신 의지가 아무리 높다 하더라도 조직 구성원들이 동참하지 않으면 소기의 목적을 달성할 수 없습니다.

여러분도 알다시피 물은 99°C에서는 끓지 않습니다. 100°C가 되어야 끓기 시작합니다. 즉, 1°C 차이입니다. 지금까지 회사에서는 여러 가지 노력을 통하여 99°C까지 구성원들을 끌어 올렸습니다. 그러나 매번 1°C가 부족했습니다. 여러분들이 1°C 역할을 하는 것입니다.

기업들이 비전과 전략을 거창하게 수립해 놓고서도 변화가 탄력을 받지 못하고 중단되는 이유는 바로 변화하고자 하는 열매의 모습이 구체적이지 않기 때문입니다. 애매하고 막연한 목표는 직원들에게 아무런 공감을 주지 못합니다. 따라서 조직의 변화라는 훌륭한 결과를 얻으려면 구성원들에게 구체적이고 명확한 목표를 제시하고 공유해야 합니다. 마케팅 활동에서 소비자에게 구매 욕구를 불러일으키고 자극함으로써 판매로 이뤄지게 하려면 일반적으로 판촉(販促, 판매 촉진)이라는 방식을 사용하듯이, 조직에서는 변화의 촉진 역할을 맡을 사람을 육성하고 활용하는 것이 중요합니다. 그들을 변화 추진자 즉, 혁신 리더라고 부릅니다. 그들이 구성원이 가진 저항감을 완화하고 변화의 필요성과 기회를 쉬운 말로 이해시킨다면, 변화에 대해 가졌던 막연한 의구심을 줄일 수 있습니다. 혁신 리더들에게 권한을 주고 자율권을 부여한다면 변화를 좀 더 빠르게 진행하게 할 수 있습니다. 변화의 모습이 더디다고 해서 위에서 아래로 압력을 가하는 하향식$^{Top-down}$은 좋지 않습니다. 단기 효과밖에 얻지 못하고, 오히려 많은 저항을 불러일으키기 때문에 권장할 만한 것이 못 됩니다."

류 소장은 혁신 리더 역할의 명확화에 대해서 다시 한번 강조했다.

"변화 활동 프로세스를 성공적으로 진행하기 위해서는 혁신 리더 역할을 명확히 하는 것이 중요합니다. 혁신 리더는 조직의 변화 활동 추진자로서 현업의 변화를 위한 실행과제를 수립하고 실행하는 것뿐만 아니라 조직의 전략, 제도에 대한 현장 구성원들의 의견을 수렴하는 역할도 수행합니다."

스크린에 준비된 내용을 보여주면서 류 소장은 5가지 혁신 리더 역할에 관해서 설명을 이어 갔다.

2) 혁신 리더 역할 5가지

"**첫째,** 혁신 리더는 현재가 아닌 미래에 살고 있어야 합니다. 미래의 비전을 달성하기 위한 변화 실행과제를 수립해야 합니다. 창립 30주년을 맞아서 향후 10년을 내다보고 최근에 수립한 뉴 비전을 달성하기 위해서 현장에서 실행이 필요한 변화과제를 수립합니다.

둘째, 열정에 불을 붙이고, 다른 사람의 열정을 고무시켜야 합니다. 변화 방향 및 경영 전략과 기업 가치에 대한 전파입니다. 조직의 변화 방향과 경영 전략, 기업 가치 등에 대해 철저하게 이해하고 이를 구성원에게 전파하기 위해서 회의 문화개선, 업무 혁신 스킬 교육 등을 병행합니다.

셋째, 변화과제를 실행하고, 주기적으로 점검합니다. 혁신 리더, 즉 변화 추진자로서 변화 활동을 주도적으로 실행하고 과제의 진행 상황에 대해 점검(모니터링)하고, 변화 내용을 구성원에게 전달하고 공유합니다. 또한, 이해관계자 관리를 통한 적절한 지원과 변화 측정도 해야 합니다.

넷째, 구성원들을 이해해야 합니다. 그들의 의견을 수렴하는 것입니다. 조직의 변화 방향 및 조직의 전략, 제도 등에 대한 현장 구성원들의 의견, 제안 사항을 정리해서 경영진에게 조언해야 합니다.

다섯째, 우수 성공사례를 발굴하고 공유합니다. 변화과제의 성공적인 실행을 위한 방안을 현장에 적용하고, 우수 사례를 발굴하여 전파하는 일도 중요합니다."

4. 세션 3 – 탁월한 혁신 리더 만들기: 혁신 리더 역량

류 소장은 '혁신 리더 역할'에 대한 강의를 마치고 세 번째 세션인 '혁신 리더가 갖춰야 할 필요 역량'에 대해서 토의를 진행했다. 기존 혁신 리더 추천 시 제시했던 태도와 경험^{Attitude & Experience} 측면을 포함해서 이번에는 혁신 리더가 갖춰야 할 K.S.A.^{Knowledge, Skill, Attitude} 역량을 찾기로 했다.

1) 혁신 리더 역량 K.S.A. 찾기

"먼저 혁신 리더로서 변화 활동을 수행하면서 갖춰야 할 태도입니다. 태도는 종종 간과되는 훌륭한 혁신 리더의 한 측면입니다. 관련 지식과 기술을 가지고 있지만 부적절한 태도를 가진 사람은 조직에 기여할 수 없습니다. 오히려 높은 스킬과 지식을 가진 사람일수록, 그들의 태도에 결함이 있는 경우 조직에 커다란 손상을 줄 수 있습니다. 태도에는 두 가지 목표가 있어야 합니다. '혁신 리더 변화과제 활동은 반드시 성공한다.' 그리고 '모든 이해관계자와 좋은 관계를 유지한다.'입니다.

두 번째 혁신 리더로서 변화 활동을 수행하면서 활용해야 할 스킬입니다. 변화과제 활동이 성공하기 위해서는 퍼실리테이션 스킬과 의사소통 스킬은 혁신 리더의 필수입니다. 그리고 변화에 영향을 받는 구성원 관점에서 이해할 수 있어야 합니다.

셋째, 혁신 리더로서 변화 활동을 수행하기 위해 알아야 할 지식입니다. 우선 우리 회사의 미션과 비전, 핵심 가치를 다시 한번 확인하고, 사업전략에 대한 이해도 있어야 합니다. 그리고 환경 변화에 대해서 회사가 어떻게 작동하는지를 이해할 수 있어야 합니다. 그리고 당연히 혁신 리더로 활동하는 데 필요한 관련 지식도 필요하겠지요."

류 소장은 설명을 마치고 혁신 리더들을 둘러보았다. 부담감을 잔뜩 가진 듯

한 표정을 짓고 있는 혁신 리더들을 향해서 "너무 부담을 드렸나요? 편하게 생각하시기 바랍니다. 정해진 답은 없습니다.

우리가 만들어 가면 됩니다. 여러분이 성공적인 혁신 리더로 활동하기 위해서 갖춰야 할 역량에 대해서 논의하시기 바랍니다."

류 소장은 화이트보드에 다음과 같이 적었다.

탁월한 혁신 리더에게 필요한

– 적절한 지식은?

– 유용한 스킬은?

– 올바른 태도는?

1팀~3팀은 혁신 리더가 갖춰야 할 지식^{Knowledge}을, 4팀~7팀은 스킬^{Skill}을, 8팀~10팀은 태도/자세^{Attitude}에 대해서 토의하도록 할당했다. 토의 방식은 류 소장이 자주 활용하는 '월드 카페' 방식을 썼다.

월드 카페|World Cafe

자리를 옮겨 다니면서 편안한 분위기에서 즉흥적으로 떠오르는 생각을
소통을 통해서 공유하는 토의 방식

1. 4~5명이 한 테이블에 앉도록 한다.
   – 퍼실리테이터가 테이블(조)별로 논의할 소주제를 제시한다.
   – 기록을 할 수 있는 포스트잇과 전체 내용을 정리할 수 있는 플립차트를 제공한다.
   – 참석자는 자유롭게 토의를 진행하며 메모한다.
2. 토의는 대체로 1회전당 20~30분 정도씩, 3회전의 토의가 행해지며, 각 회전마다 리더(또는 서기)를 제외한 참석자는 다음 자리로 옮긴다.
   – 리더는 새로운 참석자(타 조)를 따뜻하게 맞이하고, 서로 인사를 나눈다.
   – 리더는 앞에서 나온 내용을 간단하게 설명한다.
   – 아이디어를 추가한다.
4. 테이블(조) 이동을 통한 아이디어(지식)의 공유가 끝나면, 그 아이디어를 종합한다.
5. 전체 공유한다.

각 사업부에서 추천받은 A사의 핵심 인재답게 혁신 리더들은 주어진 주제에 대해서 진지하고도 열띤 토의를 했다. 해당 주제에 대한 아이디어가 어느 정도 나오자 다른 그룹의 주제로 옮겨서 아이디어를 추가했다. 토의를 통해서 나온 결과를 팀별로 플립차트에 기재하고 휴식 시간을 가졌다.

▶ 지식^{Knowledge}

- 회사 미션, 비전 핵심 가치, 중장기 전략
- 조직의 내부, 외부 환경에 대한 이해
- 경영, 조직개발 등 기반 지식
- 변화 프로세스 이해
- 인간 행동, 조직 심리학에 대한 기초 지식
- 행동유형, 성격 진단(MBTI, DISC 진단 등)
- 조직개발 설계, 도구, 방법, 프로세스 등
- 퍼실리테이션(회의 운영) 기법과 프로세스에 대한 이해
- 동기부여 이론, 집단 역학 이론
- 분야별 관련 지식
- 프로젝트의 속성을 잘 이해하는 프로젝트 운영 지식

▶ 스킬^{Skill}

- 개방적이면서 신뢰하도록 분위기를 만들 수 있는 스킬
- 퍼실리테이션(회의 운영) 스킬
- 커뮤니케이션(적극적 경청, 질문, 피드백, 설득) 스킬
- 다양한 구성원을 이해하고 참여 유도하는 스킬
- 사람들에게 동기를 부여하고 열중시키는 스킬
- 팀을 구성하여 함께 일하도록 하는 통합 스킬

- 갈등 해결, 협상 기술

- 코칭 스킬

- 프레젠테이션 스킬

- 문제 해결 스킬

- 조직 발달 단계를 이해하고 이끌 수 있는 프로세스 스킬

- 상황에 따라 적절한 해결 방법 및 도구를 제시할 수 있는 전략 스킬

- 공식적인 구조나 체계 없이도 자율적으로 일을 추진해 나가는 능력

- 사업가적인 기질

▶ **태도/자세**^{Attitude}

- 현실 감각이 있고 문제의식이 있는 자세

- 자신감 넘치고, 적극적인 자세

- 소신이 있으며 자발적이면서 신뢰성 있는 자세

- 사명감과 주인의식

- 창의적 사고

- 설득력

- 잘난 척하지 않고 권위적이지 않은 협조 중심의 자세

- 용기를 가지고 독립적인 의사결정을 할 수 있는 자세

- 책임감이 강하고 이를 완수하려는 자세

- 경청을 잘하고 상대방을 이해하려는 태도

- 긴장을 완화할 수 있는 유머 감각

- 독단적이기보다는 협업을 중시하는 팀 플레이어

- 결과 지향적이며 성취욕이 강한 사람

- 인내심과 스트레스에 대한 내성이 강한 사람

- 프로젝트 일정에 따라 다른 업무로 전환할 수 있는 유연성

– 실패를 기꺼이 수용하여 수정하는 자세

– 남을 신뢰하고 도움도 받을 줄 아는 자세

– 다양한 성향의 상사와 함께 일할 수 있는 탄력성

휴식을 마치고 들어온 혁신 리더들은 벽에 부착한 K.S.A.별 핵심 역량을 보면서 '이 많은 것을 어떻게 갖춰야 하지'라며 걱정하는 표정을 류 소장은 읽을 수 있었다.

"여러분, 걱정하지 마십시오. 지금부터 여러분이 주신 내용을 바탕으로 A사의 혁신 리더가 갖춰야 할 역량 모델을 만들 것입니다. 그리고 사무국에서는 이러한 역량을 갖출 수 있도록 그룹 교육, 사내 교육, 외부 교육 그리고 온라인 교육 등을 망라한 교육 정보를 확보해서 혁신 리더 게시판에 올리겠다고 했습니다." 하며 뒤에 앉아 있는 황 과장을 쳐다보았다. "네, 맞습니다. 여러분은 혁신 리더 게시판을 확인해서 사무국에 본인이 희망하는 교육과정을 신청해서 교육받을 수 있습니다. 따라서 지금부터 류 소장님과 함께 우리 회사만의 혁신 리더 역량 모델을 만들겠습니다."

2) 3C of 혁신 리더 모델

지금까지 나온 내용을 바탕으로 A사만의 혁신 리더 역량 모델 즉, '3C of 혁신 리더' 모델을 만들어 냈다. '3C of 혁신 리더' 모델은

☑ Change Navigator (변화 항해사),

☑ Change Communicator & Facilitator (변화 소통자 & 촉진자),

☑ Change Process Manager (변화 프로세스 관리자)를 의미한다.

(1) Change Navigator: 변화 항해사

조직 내외 환경 변화, 뉴 비전, 사업전략 및 사업구조 등을 파악하여 조직 내 어떤 변화가 필요한지, 변화의 필요성, 방향 등의 구체화를 이끌어 가는 역할

- 사업 이해 및 조직에 대한 이해
- 사업 환경 분석 능력
- 뉴 비전 이해 능력
- 조직 이해 및 조직 이론 이해 능력
- 사업 관련 문제의식 능력

(2) Change Communicator & Facilitator: 변화 소통자 & 촉진자

변화에 대한 의도와 의미를 명확히 하고, 지속적이고 일관성 있게 이해관계자에게 소통하고 전파하는 역할. 그리고 조직이 추구하는 변화 방향이 조직 내 정착되도록 변화 활동의 실행을 점검하고, 이해관계자 간의 연계 역할을 수행하여 변화가 가속화되도록 촉진하는 역할

- 의사소통 능력
- 이해관계자 지지 확보 능력
- 의사소통 전략 설정 능력
- 조직 심리, 개인 심리 이해
- 베스트 프랙티스Best Practice 발굴 능력
- 개념 명확화 능력
- 프레젠테이션 스킬
- 조정 및 중재 능력
- 팀 빌딩 능력

- 문제 해결 컨설팅 능력
- 상담 스킬
- 갈등관리 능력
- 이해관계자 네트워크 구축 능력

(3) Change Process Manager: 변화 프로세스 관리자

변화과제를 실행할 수 있도록 개발하고, 변화와 관련된 제도, 프로세스 등을 새로운 변화 방향과 일관성 있게 구축되도록 구체적인 방법들을 찾고 개발하는 역할

- 조직문화 이해
- 변화 프로세스 설계$^{Change Process Design}$ 능력
- 중재/개입^{Intervention} 개발 능력
- 평가 기준 개발 / 관리 능력
- 최신 경영 기법 발굴/ 전파 능력
- 프로젝트 관리$^{Project Management}$ 능력

제2장

변화관리의 성공방정식을 바꿔라: 혁신 리더 육성 워크숍 2

1. 세션 4: 변화관리^{Change·Management}의 선견력을 높여라

류 소장은 두 번째 날에 4단계 변화관리 프로세스^{Change Management Process}를 혁신 리더 역할과 연계해서 강의를 시작했다. 먼저 본격적인 단계별 실습 전에 큰 그림에 관해 설명했다.

1) 변화관리 4단계 이해

"여러분이 앞으로 추진할 변화과제 수행은

첫째, 필요성 인식 단계입니다. 먼저 혁신 리더로서 이 변화과제가 정말 필요한지, 하지 않으면 왜 안 되는지에 대해서 스스로 인식하는 것이 중요합니다. 그리고 구성원들을 설득할 전략을 준비하는 단계입니다.

두 번째는, 비전과 목표를 명확화하는 단계입니다. 변화과제 활동을 왜 하는지, 변화과제 활동을 통해서 구체적으로 무엇을 달성할 것인지를 명확히 하는 단계입니다. 이때 변화를 추진할 때 무엇을 변화시켜야 하는지에 대한 명확한 가이드 라인을 제시해야 합니다. 조직은 끊임없이 새로운 목표를 설정합니다. 따라서 이에 따른 조직의 유연성과 역동성 또한 유지해야 합니다.

세 번째, **구성원의 참여를 촉진하는 단계입니다.** 먼저 변화에 대한 구성원의 저항을 극복해야만 변화에 성공할 수 있습니다. 혁신 리더 활동에 대한 저항요소를 극복하는 방법과 이해관계자들이 지지하게 하는 방법을 찾아야 합니다. 경영진과 구성원이 변화를 바라보는 시각이 다릅니다. 따라서 혁신 리더는 조직 모든 부분에서 일어나는 변화 노력을 연결하여 변화관리가 균형을 잡도록 해야 합니다. 이를 위해 혁신 리더는 조직 구성원과의 커뮤니케이션, 예견되는 변화 상황의 예측, 구성원의 감정 관리 등을 모두 고려해야 합니다.

네 번째, **지속성을 유지하는 단계입니다.** 혁신 리더 활동이 지속적이고 구체적인 결과로 나타나게 하려면 어떻게 해야 하는가? 조직이 성장해 나가면서 위기에 빠지지 않도록 하기 위해서는 무엇보다도 지속적인 변화관리가 필요합니다. 이를 위해서는 구성원과 끊임없이 공감대를 형성하여 성공에 대한 자신감을 부여할 수 있도록 노력해야 합니다."

2) 제1단계: 변화에 대한 필요성 인식

(1) 변화 필요성 사례

"혁신 리더 활동 측면에서 변화에 대한 필요성 인식에 대해서 먼저 몇 가지 사례로 설명해 드리겠습니다."

류 소장은 화면에 갈매기가 날아다니는 평온한 어촌의 사진을 보여주었다.

"미국의 어느 어촌 마을에서 일어난 현상입니다. 청정지역임을 내세워서 생선 통조림을 제조해서 판매하고 있었는데, 어느 날 갑자기 해안가에 갈매기들이 떼 지어 죽기 시작했습니다. 어촌 마을이 발칵 뒤집혔습니다. 도대체 무슨 일인가? 만약에 오염된 물고기를 먹고 죽었다는 소문이 나면 통조림 판로가 막힐 텐데⋯ 즉시 조사단을 구성해서 갈매기 죽음의 원인을 조사했습니다. 그러나 어이없게도 갈매기들이 오염된 물고기를 먹고 죽은 것이 아니고 굶어서 죽었다는 것입니다. 다행히도 오해는 풀려서 통조림 판매는 계속 이어져 갔습니다. 그런데 도대체 물고기가 천지인 해안가에서 갈매기가 굶어 죽다니? 이해를 할 수 없어서 2차 조사에 들어갔습니다. 근본 원인이 밝혀졌습니다. 지금까지는 물고기 몸통만을 통조림으로 가공하고 머리, 꼬리 등은 갈매기들에게 던져 주었습니다. 그런데 얼마 전부터 물고기의 머리와 꼬리를 가축용 사료로 가공해서 별도 판매하면서 더 이상 갈매기들에게 주지 않았던 것입니다. 지금까지 어촌 사람들이 주는 머리와 꼬리를 먹고 살았던 갈매기들이 먹이를 기다리다가 굶어 죽었다는 것입니다. 갈매기들은 지금까지 꼬리와 머리로도 충분했기에 사냥할 필요가 없었고, 한마디로 야성을 잃어버렸던 것입니다. 시간이 조금 지나자 더 이상 꼬리와 머리를 주지 않는구나, 이대로 굶어 죽을 수는 없지 하고 야성을 되찾아서 물고기 사냥을 하는 갈매기들이 나타나기 시작했습니다. 그런데도 이들을 지켜보면서도 언젠가는 꼬리와 머리를 다시 주겠지 하는 안이한 생각을 하고 있다가 굶어 죽는 갈매기들이 존재한다는 것입니다.

어떻습니까? 여러분, 이해됩니까? 우리는 어느 부류의 갈매기일까요?"

"혁신 리더 여러분은 변화를 창조하는 야성을 되찾은 갈매기가 되셔야 하고, 동시에 구성원에게 변화의 메시지를 전달할 수 있어야 합니다. 더 나아가서 변화를 거부하고 저항하는 구성원이 변화에 동참할 수 있도록 모든 역량을 발휘하셔야 합니다."

이어서 류 소장은 달걀 프라이$^{Fried \, egg}$와 병아리 사진을 보여주었다.

"혁신 리더 여러분, 왼쪽의 사진은 외부의 힘으로 깨진 달걀입니다. 즉 달걀 프라이$^{Fried \, egg}$입니다. 오른쪽 사진은 달걀 껍데기를 스스로 깨고 나온 병아리입니다. 즉 하나의 생명체입니다.

혁신 리더로서 여러분은 달걀을 프라이로 만드는 요리사입니까? 아니면 병아리가 태어날 수 있도록 촉진해주는 부화 전문가입니까? '타율적(他律的) 변화' 또는 '자율적(自律的) 변화' 중 여러분이 선택하시기를 바랍니다. 어떻게 보면 변화관리라는 말보다는 변화 선도가 여러분의 역할에 적절하다고 생각합니다."

혁신 리더들이 잠시 생각하는 동안 류 소장은 화면에 '변화에 대한 필요성 인식'이라고 쓰인 화면을 보여주었다.

(2) 위협, 기회 매트릭스^{Matrix}

"변화관리의 첫 번째 단계는 변화에 대한 필요성 인식입니다. 즉, 구성원이 무엇을 변화해야 하고, 왜 변화하지 않으면 안 되는지를 명확히 인식하게 하는 단계입니다. 그러나 먼저 여기 계신 혁신 리더부터 이러한 변화관리 활동 즉, 혁신 리더 활동을 왜 해야 하는지를 명확히 해야 합니다. 그래서 준비했습니다."

류 소장은 하나의 실습 양식을 보여주었다.

"위협, 기회 매트릭스^{Matrix}입니다. 장단기에 걸쳐 위협이나 기회로 변화의 필요성을 만들어 가는 도구입니다. 이 도구는 변화의 논리적 근거를 필요로 하는 사람들의 동의를 얻기 위해서 탁월한 효과를 줍니다. 또한, 변화가 왜 필수적인지에 명백한 이유를 제시합니다. 나중에 관련 이해관계자의 지지를 확보하기 위해서 함께 워크숍 등을 진행하실 때 활용하시면 좋겠습니다. 그러기 위해서는 혁신 리더들이 먼저 실습해 보겠습니다. 실습 주제는 혁신 리더 활동의 필요성입니다."

류 소장은 4사분면을 화이트보드에 그리면서 설명을 이어갔다.

"1 상한은 단기/위협 영역으로 '만약에 우리가 혁신 리더 활동을 하지 않는다면 당장 조직에는 어떤 문제가 생기겠는가?'에 대해서 토의하는 것입니다. 3 상한은 장기/위협 영역으로 '만약에 우리가 혁신 리더 활동을 하지 않는다면 결국 조직은 어떤 상황까지 가겠는가?'에 대해서 토의해서 채워 넣습니다. 2 상한은 단기 기회/영역으로 '우리가 성공적으로 혁신 리더 활동을 한다면 당장 조직에는, 구성원에게는 어떤 이득이나 도움이 있겠는가?'에 대해서 토의하는 것입니다. 그리고 마지막 4 상한은 장기/기회 영역입니다. '우리가 성공적으로 혁신 리더 활동을 한다면 궁극적으로 조직은 어떻게 좋아지겠는가?'에 대해서 토의해서 채워 넣습니다.

즉, 위협은 '변화의 필요성'을 끌어내는 것이고, 기회는 '변화 결과$^{\text{Output Image}}$'를 보여주는 것입니다."

표 7. 위협/기회 매트릭스 양식

	위협 (혁신 리더 활동을 하지 않는다면)	기회 (성공적으로 혁신 리더 활동을 한다면)
단기	1.	2.
장기	3.	4.

혁신 리더 두 팀을 한 그룹으로 재편성해서 실습을 진행했다. 먼저 위협(단기, 장기)에 대해서 열띤 토의를 하면서 채워 넣기 시작했다. 단기 위협에서 장기 위협으로 지날수록 혁신 리더 얼굴들이 심각하게 변해가고 있었다. 혁신 리더 스스로가 위기의식을 갖는 것 같았다. 반면에 단기 기회에서 장기 기회로 갈수록 자신감이 넘치는 밝은 모습을 볼 수 있었다. 논의하는 소리가 시간이 지날수록 커졌다.

작성이 다 끝나고 실습 내용을 공유하는 시간을 가졌다. 옆 그룹과 교차해서 공유했다. 해당 그룹 리더가 남아서 작성한 내용을 설명했다. 일부 중복되는 내용도 있었지만, 같은 주제로 논의한 결과이지만 각 그룹에서 생각하지 못했던 내용이 오히려 더 많았다. 설명을 들은 후 그룹에 돌아와서 추가 논의를 통해서 보완했다. 혁신 리더 활동의 중요성에 대해서 다시 한번 다짐하는 시간이었다. 휴식 시간에도 삼삼오오 모여서 위협과 기회에 관해서 대화를 나누는 모습을 보면서 나 팀장과 황 과장은 만족하는 표정이었다.

3) 제2단계: 변화 비전과 목표 명확화

(1) 비전과 변화

휴식 시간을 끝내고 돌아온 혁신 리더들에게 류 소장은 의미심장한 질문을 던졌다.

"여러분의 경쟁사인 B, C사에서 혁신 리더 활동을 진행하고, 여러분 회사는 혁신 리더 활동을 진행하지 않으면 어떻게 될까요?"

"말도 안 됩니다. 그래서는 안 되지요.", "경쟁에서 당연히 뒤떨어지지 않나요.", "끔찍합니다." 등의 반응이 나왔다.

"좋습니다. 여러분의 지금 이 마음가짐을 끝까지 가져가시길 바랍니다. 다음은 명확한 비전과 목표를 세우는 시간입니다. 비전은 변화를 위한 노력에 부응하는 결과와 효과에 대해 긍정적이고 고무적인 방식으로 분명하게 설명이 되어야 합니다. 그리고 비전이 기대 행동으로 이어지고 동기를 부여하고 힘을 불어넣어 줄 수 있도록 설명되어야 합니다. 따라서 비전은 분명하고 단순하며 이해하기 쉽게 표현되어 전 구성원에게 중요한 의미를 부여한다는 것을 분명하게 인식시켜야 합니다. 구성원들은 '이 비전이 나를 위해 어떤 도움이 되는가?'라는 의문을 가질 수 있기 때문입니다. 여러분, '액자 속의 비전'이라는 말을 들어서 알고 계실 것입니다. 겉모양만 거창하고 구성원 마음속에 들어가 있지 않은 비전은 죽은 비전입니다. 여러분에게 살아 있는 비전 하나를 소개하고자 합니다."

화면에는 마틴 루서 킹^{Martin Luther King}의 사진과 1963년 8월 28일 워싱턴의 링컨 기념관 앞에서 한 유명한 연설인 'I have a dream'의 내용 일부가 보였다.

'오늘 나는 여러분들에게 이렇게 말합니다. 지금 당장 곤경과 좌절로 괴로워하고 있지만 내게는 아직도 꿈이 있다고 말입니다. 내 꿈은 미국인의 꿈속에 깊이 뿌리 박혀 있습니다. 나는 언젠가 이 나라가 부흥해서 "우리는 분명한 진리를 가지고 있다. 그것은 모두가 평등하게 창조되었다는 사실이다"라는 말의 진정한 의미를 실천할 날이 오리라는 꿈을 꿉니다. 그 옛날 노예의 후손과 노예를 부리던 이들의 후손이 언젠가 조지아의 붉은 언덕 위에 둘러앉아 형제애를 나누며 함께 음식을 나누어 먹는 날이 오기를 꿈꿉니다. 부패와 압박으로 고통에 짓눌린 사막의 땅 미시시피조차 언젠가 자유와 정의의 오아시스로 바뀌기를 꿈꿉니다. 나의 네 아이가 언젠가 피부색이 아닌 개성으로 평가받는 나라에서 살기를 꿈꿉니다. 나는 오늘 꿈을 꿉니다. 지금처럼 주지사의 입에서 파괴적인 말만 흐르는 앨라배마주에서 언젠가 어린 흑인 소년 소녀들이 백인 소년 소녀들과 손을 잡고 형제자매처럼 함께 거니는 꿈을 꿉니다. 나는 오늘 꿈을 꿉니다.'

"인사팀의 이인재 과장께서 읽어 주시겠습니까?"

류 소장의 제안에 이 과장은 기대에 부합하듯 마치 연설하듯이 진지하게 읽었다. 연설 같은 낭독이 끝나자 마치 그날 그 장소에 와 있는 착각을 가질 정도로 여기저기서 환호 소리와 함께 박수 소리가 들렸다.

"어떻습니까? 여러분, 정말 가슴을 울리는 비전이 아닙니까? 이 과장님 멋있는 낭독 감사합니다. 우리는 이러한 구성원이 공감할 수 있는 명확한 비전이 필요합니다. 그럼 지금부터 여러분 혁신 리더 활동에 대한 비전을 작성하는 시간을 갖도록 하겠습니다. 과제 활동 팀별로 명확한 팀 비전을 만들겠습니다."

(2) 혁신 리더 팀 비전 기술문

류 소장은 플립차트에 다음과 같은 구성 요소를 적었다.

- 우리는 누구인가?
- 우리의 고객은 누구인가?
- 우리 팀의 목적은 무엇인가?
- 이해관계자에게 어떤 모습으로 알려지기를 바라는가?

"구성 요소별로 개념을 포스트잇 한 장에 하나씩 적습니다. 우선 우리는 누구인지를 명확히 합니다. 그리고 우리의 고객을 정의합니다. 다음으로 우리 팀의 목적, 즉 존재 이유를 근본적으로 파악할 수 있는 핵심 문구를 간략하게 적습니다. 마지막으로 이해관계자(경영층, 구성원, 고객)에게 어떤 모습으로 보이기를 바라는지에 대해서 작성합니다. 포스트잇에 각자 작성한 핵심 문구들을 모아 통합하고 분류하여 정리합니다. 그리고 정리된 내용을 토대로 팀의 최종 비전 문구를 작성합니다."

표 8. 혁신 리더 팀 비전 기술문 만들기 양식

우리는 누구인가?	우리의 고객은 누구인가?	우리 팀의 목적은 무엇인가? (존재 이유)	이해관계자에게 어떤 모습으로 알려지기를 바라는가?
– –	– –	– –	– –

(팀 비전 기술문)

의미를 잘 반영한 두 개 팀에 평가를 통해서 커피 쿠폰을 지급하겠다는 나 팀장의 발언에 혁신 리더들이 다소 고무되는 모습이었다. 각자 구성 요소별로 진지하게 포스트잇에 문구를 작성했다. 어느 정도 시간이 되자 플립차트 영역별로 포스트잇이 쌓여갔다. 팀별로 부착된 포스트잇을 통합하고 분류하느라 분주한 시간이 지나갔다. 최종으로 영역별 핵심 문구를 모아 팀 비전을 나타낼 수 있는 문장으로 정리했다. 팀별로 작성한 팀 비전 문장을 전체 앞에서 발표하는 시간을 가졌다. 그리고 평가는 혁신 리더들이 돌아다니면서 벽에 부착된 영역별 문구 그리고 비전 문장을 보고 별 스티커를 부착하는 방식을 활용했다.

4) 제3단계: 구성원의 참여 촉진

(1) 구성원이 적극적으로 참여하지 못하는 이유

"모든 변화에는 반드시 저항이 따릅니다. 그러나 변화에의 저항은 자연스럽고 당연한 과정으로 받아들여야 합니다. 이를 극복하기 위해서는 왜 저항하는지에 대한 이유와 원인을 파악해서 해결하는 것이 중요합니다. 변화면역이라는 말이 있습니다. 신체가 외부 바이러스에 대해 면역반응을 보이듯이 구성원들은 변화에 대해서도 같은 반응을 보인다는 것이지요. 그리고 변화 노력에 동참하는 중요 구성원들을 지지 세력으로 확보하고 이들의 변화에 대한 의지를 행동화하는 것이 필요합니다. 아시다시피, 대부분 기업은 조직 변화의 필요성에 공감은 합니다. 그러나 실제 많은 기업의 변화관리 시도는 대부분 실패로 돌아갑니다. 왜 그럴까요? 실제 매킨지 컨설팅^{Mckinsey & Company}에서 전 세계 기업의 임원들을 대상으로 한 설문 조사에 따르면 변화관리 프로그램의 약 60~70%가 실패하는 것으로 나타났습니다. 성공하지 못하는 이유는 여러 가지가 있겠지만, 가장 큰 요인은 조직 변화 시도가 대개 경영층의 의지에서 시작된다는 것입니다. 바로 톱다운^{Top down}으로 변화관리를 시작하기 때문이지요. 그러다 보니 직원들의 행동을 변화시키는 데 실패하게 됩니다. 자신에게 유익한 것보다는 익숙한 대로 행동하려는 사람 본연의 습성을 간과한 채 경영진은 한꺼번에 너무 많은 것을 바꾸려고 하기 때문입니다. 구성원들의 행동 변화를 촉진하기 위해서는 우선 조직에서 현재 문제가 되는 행동이 무엇이고, 이것이 조직에 어떤 영향을 미치는지를 명확하게 공유해야 합니다. 그래서 A사에서는 보텀업^{Bottom up} 방식의 혁신 리더 활동 중심의 변화관리를 시도하는 것입니다. 조직 변화에 필요한 행동을 하는 구성원들 즉 혁신 리더를 변화의 주체로 삼고, 이들이 목표가 된 행동을 함께하도록 유도하는 것이 가장 효과적일 수 있기 때문입니다."

(2) 변화에 대한 저항은 당연하다

류 소장은 화면에 개인 차원 저항, 조직 차원 저항, 조직문화 차원 저항이라고 적혀있는 표를 보여주었다.

표 9. 저항의 원천별 원인

원천	저항의 원인
개인 차원 저항	– 변화 적응에 대한 불편함 – 새로운 업무 파악에 대한 귀찮음 – 습관과 타성: 안정 추구의 성향 – 변화가 나에게 주는 이익에 대한 의구심 　예) '하기는 해야겠는데…'
조직 차원 저항	– NIH 증후군(not invented here syndrome: 배타적 태도) – 현재 위치 및 전문성 상실에 대한 걱정(자기 보존) – 새로운 관계 설정으로 인해 과거의 안전장치 위협 – 부적절한 보상시스템 　예) '내 위치가 괜찮을까?'
조직문화 차원 저항	– 자기에게 유리한 쪽으로 받아들이는 선택적 인지 – 현실에 대한 안주 또는 집착 – 변화 지속성에 대한 불신 – 구조적인 관성(타성) 　예) '변화관리 한두 번 해보나!'

표 10. 저항의 원천별 저항 극복 전략

원천	저항 극복 전략
개인 차원 저항	– 낯설고 불편함을 인정하고 소통을 통해서 격려하고 지원함. – 도전에 대한 동기부여(보상 등) – 필요시 관련 교육 및 스킬 지원 – 성공 조직 사례 벤치마킹
조직 차원 저항	– 저항 이유 파악 및 해결 – 협업 관계를 구축 및 결과에 대한 명확한 평가 보상 – 절차의 공정성(참여 – 설명 – 합의) 활용
조직문화 차원 저항	– 의식의 차이를 공유하고 받아들임 – 조직문화 진단 시행 – '위협/기회' Matrix 활용해서 필요성 인식

"모두에게 이익이 되는 것임에도 불구하고 여러 가지 저항들 때문에 변화 관리에 어려움을 줍니다. 하지만 저항은 변화과정에서 자연스럽고 당연합니다. 대부분 구성원은 본질적으로 변화를 부담스러워하며 거부합니다. 여러 가지 불편한 경험을 해야 하므로 일단 거부를 합니다. 지금까지 익숙하던 방식을 변경해야 한다는 것, 잘 모르는 일을 해야 한다는 것 그리고 새로운 사람들과 함께 일해야 한다는 것 등 불편한 경험들입니다. 이를 극복하기 위해서는 먼저 구성원들이 저항을 왜 하는지에 대한 원인을 파악하고 해결하는 것이 필요합니다. 일반적으로 구성원의 20%는 변화에 대해 저항하고, 60%는 무관심하며, 나머지 20%만이 변화를 수용한다고 합니다. 혹시 여기 계신 혁신 리더 중 20%도 변화에 저항하는 것 아닙니까?" 하고 류 소장이 농담을 던졌다.

"아닙니다. 우리는 적극 참여자 20%로 선발된 혁신 리더입니다."라며 큰 소리로 홍보팀의 고주파 과장이 혁신 리더를 대표해서 대답했다. 다른 혁신 리더들은 한바탕 웃으며 손뼉을 쳐주었다.

"맞습니다. 여기 계신 혁신 리더들은 바로 변화를 이끌어 가는 20%에 해당하는 분들입니다." 하며 류 소장이 엄지손가락을 치켜세우며 인정했다. "자 그럼, 저항의 원인에 대해서 알아보도록 하지요. 저항의 원천 중에서 '개인 차원 저항'이 파악하기도 쉽고 상대적으로 해결하기도 수월합니다. 반면에 '조직문화 차원 저항'은 파악하기도 어렵고 상대적으로 해결하기도 쉽지 않습니다."

개인 차원 저항

"우선 개인 차원의 저항은 구성원들이 변화에 적응하지 못할 것 같다는 막연한 두려움을 갖거나, 또는 변화에 따른 새로운 업무 스킬을 학습하는 데 어려움을 호소하나, 근본적으로는 기존에 가지고 있는 안정을 추구하는 습관과 타성을 버리지 못하는 데 기인합니다. 이에 대한 저항 극복 방안으로는 일단 개인의 변화에 대한 불안을 인정하는 것입니다. 그리고 나서 필요 스킬에 대한 교육을 지원하고, 도전에 대한 보상 등의 동기부여가 필요합니다. 적극적인 방법은 변화에 성공한 기업의 벤치마킹을 통한 학습이 있습니다."

조직 차원 저항

"다음으로 '조직 차원의 저항'에 대한 것입니다. 대표적인 것이 NIH[Not invented here] 증후군입니다. 말 그대로 '여기서 개발한 것이 아니다.'라는 의미로, 자기 부서가 아닌 제삼자가 개발한 기술이나 연구 성과는 인정하지 않는 배타적 조직 문화나 태도를 말합니다. NIH 증후군은 타인이나 다른 조직에서 나온 기술이나 아이디어는 수용하지 않으려 한다는 점에서 조직 내 소통과 협업을 어렵게 만드는 장애 요인으로 작용합니다. 우리가 만든 것이 아니면 가치가 없다는 생각, 한마디로 밥그릇 싸움입니다. 추가로 현재 위치 또는 자리에 대한 걱정 그리고 현재 전문성 상실에 대한 위협 등을 들 수 있습니다. 많은 기업에서 실시했던 6 시그마 품질 혁신 프로그램 사례입니다. 어느 기업에서는 이 프로그램이 도입될 때 아이러니하게도 품질 관리(QC)[Quality Control] 부서에서 저항이 가장 심했다는 이야기를 들었습니다. 흥미롭지요? 그러면 이에 대한 저항 극복 방안으로는 무엇이 있을까요? 먼저 저항에 대한 이유를 명확하게 파악하고 적절하게 해결하는 것입니다. 구체적인 대응 방안은 다음 시간에 실습으로서 좀 더 이해하도록 하겠습니다.

다음으로는 성과 평가에 연계하는 것입니다. 시간, 인력 등의 지원을 통해서 성과가 도출되었을 경우 공정하게 평가한 뒤 이에 대해 보상을 하는 것입니다. 그리고 협업 관계 구축을 통해서 업무적으로 상호 이익이 될 수 있도록 준비하는 것입니다. 프랑스 인시아드 경영대학원 김위찬 교수는 그가 쓴 블루오션 전략[Blue Ocean Strategy]에서 전략 수립 실행 단계에서 절차의 공정성[Fair Process]에 대한 중요성을 언급했습니다. 그러나 저는 저항 극복 단계에서도 절차의 공정성이 활용되었으면 좋겠습니다. 즉, 결정을 내리는 과정에서 구성원들을 참여[Engagement]

시키고, 구체적으로 설명^{Explanation}한 다음, 기대사항과 보상에 대해 명확히 확인하는 것$^{Expectation\ Clarity}$이 초기에 저항을 막을 수 있는 비결이라고 생각합니다."

조직문화 차원 저항

"마지막으로 가장 어려운 '조직문화 차원 저항'입니다. 사람들은 자기에게 유리한 쪽으로 받아들이려는 선택적 인지$^{Selective\ perception}$를 가지고 있습니다. 흥미로운 것은 현실에 대해서 안주하고 집착하는 습성이 있는 반면에 새로운 것으로부터 소외되는 것에 대한 두려움도 가지고 있습니다. 이에 대한 저항 극복 방안은 쉽지 않습니다. 먼저 의식의 차이를 공유하고 인정하는 것입니다. 그러기 위해서는 일단 조직문화 진단을 시행해서 구성원의 생각을 알아보는 것입니다. 다른 방법으로는 유사한 업종의 변화 성공 조직을 방문하여 현장의 생생한 모습을 직접 보게 하는 기회를 얻는 것입니다. 그리고 워크숍을 개최해서 구성원들 스스로가 위협, 기회 매트릭스^{Matrix}를 작성토록 해서 스스로 위기의식을 갖게 하는 방법도 좋겠습니다.

여러분, 수고 많으셨습니다. 휴식 시간을 갖고 다음 시간에 구체적인 저항을 극복하는 방안에 대해서 알아보겠습니다."

혁신 리더들은 휴게소에서 커피를 마시면서 앞으로 전개될 저항에 대해서 걱정하는 표정이 엿보였다. 황 과장이 어느새 류 소장 곁으로 와서 "소장님, 저 역시 저항에 대해서 걱정이 되는 것이 사실입니다. 방법이 없을까요?"라며 조심스럽게 물었다. 류 소장은 살짝 미소를 띠며 "항상 긍정적인 황 과장님이 걱정하는 표정은 처음 봅니다. 하하. 걱정하시는 것은 이해가 갑니다. 저항이 없다면 질적인 성숙 또한 없다고 봐야지요. 노랫말처럼 아픈 만큼 성숙해지는 것이지요. 이번 시간에 그에 대한 방법을 찾아보는 시간을 가지려 합니다. 함께 참여해 보시지요." 류 소장의 자신감 있는 말에 황 과장은 "네" 하며 짧게 대답했다.

(3) 이해관계자^{Stakeholer} 지원을 끌어내자

"여러분, 잘 쉬셨지요? 쉬는 동안에 저항이라는 단어가 이 연수원에 엄청나게 쏟아져 나온 것 같습니다. 아직도 허공에 날아다니네요." 하면서 류 소장은 손으로 허공에서 실제로 저항이라는 단어를 잡는 것 같은 퍼포먼스를 보였다. 한바탕 웃음이 터졌다.

화면에는 '혁신 리더 활동을 위한 이해관계자 분석'이라는 장표가 나타났다. "여러분, 이해관계자 하면 무엇이 떠오르나요?" 류 소장의 질문에 "CEO입니다.", "주주 아닙니까?", "노동조합입니다." 등의 대답이 나왔다.

"네, 맞습니다. 포괄적으로 보면 이해관계자는 기업에 대해 이해관계를 가지고 있는 사람이나 집단을 말합니다. 주주뿐 아니라 소비자, 임직원, 지역사회, 시민단체 등이 포함됩니다. 그러면 혁신 리더 활동과 관련된 이해관계자는 누구일까요? 모든 혁신 리더에 공통된 이해관계자도 있겠지만, 혁신 리더 변화 과제별로 이해관계자가 다를 수 있습니다. 이러한 이해관계자가 여러분의 변화 활동을 적극 지지하고 지원한다면 당연히 성공적인 성과로 연결될 수 있습니다. 그러나 반대로 이들이 저항하거나, 지지하지 않으면 쉽게 활동을 할 수 없을 뿐만 아니라 성과로도 연결하기 어렵습니다. 그러면 어떻게 할까요?"

류 소장은 설명을 마치고 혁신 리더들을 쳐다보았다.

"이해관계자들이 왜 지지하고, 지지하지 않는지를 알고 대응하면 되지 않을까요?"

사무국 멤버면서 이번 워크숍에 참석한 조직개발팀의 김진실 대리가 씩씩하게 손을 들며 대답했다.

"맞습니다. 역시 조직개발팀의 멤버는 다르네요, 하하."

류 소장은 스크린에 있는 '혁신 리더 활동을 위한 이해관계자 분석' 방법을 설명하기 시작했다.

"혁신 리더 활동 실행 단계에서 고려될 수 있는 이슈들을 가지고 팀원들과 분석하는 도구입니다.

혁신 리더 활동을 위한 이해관계자 분석

먼저, 혁신 리더 변화과제 활동과 관련된 주요 이해관계자 또는 이해관계 부서를 모두 열거합니다. 그리고 활동에 대한 이해관계자의 현재 수준이 '매우 저항, 약간 저항, 중립, 약간 지지, 매우 지지'인지 협의해서 X로 표시합니다. 다음으로 이루고자 하는 혁신 리더 활동을 성공적으로 완수하기 위해서는 각각의 이해관계자가 앞으로 어느 위치에 있어야 하는지에 대한 기대 수준으로 O로 표시합니다. 그리고 현재 수준과 기대 수준과의 차이를 화살표로 표시합니다. 다시 한번 강조하지만, 이 모든 절차는 해당 혁신 리더들이 모여서 함께 논의해서 합의로 결정해야 합니다. 마지막으로 가장 중요한 절차입니다(표 11). 현재 수준과 기대 수준 간의 차이를 메우기 위한 실행계획을 수립하는 것입니다. 즉, 이해관계자가 왜 저항하는지, 왜 지지하는지 그들의 저항 이유 또는 지지 이유를 알아봅니다. 추가로 그들 또는 그 부서는 어디에 관심과 흥미가 있는지도 분석해야 합니다. 예를 들어 자금부서인 경우 자금 흐름에 관심이 있고, 사업부장인 경우 회사 전략이나 사업부 성과에 관심이 있습니다.

표 11. 혁신 리더 활동을 위한 이해관계자 분석

주요 이해관계자	매우 저항 (−2)	약간 저항 (−1)	중립 (0)	약간 지지 (+1)	매우 지지 (+2)

1. 혁신 리더 변화과제 활동과 관련된 주요 이해관계자(부서)를 모두 열거한다.
2. 각각의 이해관계자가 혁신 리더 변화과제 활동에 대하여 어느 정도 저항 혹은 지지하고 있는지를 표시한다. (X = 현재 수준)
3. 이루고자 하는 혁신 리더 활동을 성공적으로 완수하기 위해서는 각각의 이해관계자가 앞으로 어느 위치에 있어야 하는지를 표시한다. (O = 기대 수준)
4. 현재 수준과 기대 수준 간의 차이를 확인한다.
5. 현재 수준과 기대 수준 간의 차이를 메우기 위한 실행계획을 수립한다.

표 12. 혁신 리더 활동을 위한 이해관계자 분석 (예시)

주요 이해관계자	매우 저항 (−2)	약간 저항 (−1)	중립 (0)	약간 지지 (+1)	매우 지지 (+2)
A사 사업총괄 본부장			X	⟶	O
연구소장		X	⟶	O	

이해관계자별 저항 극복 전략

그러면 이들 또는 이 부서를 어떻게 설득해서 지지 세력으로 만들 것인가, 대응 전략을 수립해야 합니다(표 13). 워크숍 끝나고 돌아가서 정확한 자료, 정보 등을 통해서 재작업하는 것으로 하고 여기서는 현 상황에서 한번 실습하겠습니다."

혁신 리더들은 진지하게 변화과제별로 주요 이해관계자를 선별하고 현재 수준과 기대 수준을 분석했다. 그리고 주요 이해관계자별로 저항 극복 전략도 수립했다.

표 13. 이해관계자별 저항 극복 전략

주요 이해관계자	저항 이유 or 관심/흥미	극복 전략

표 14. 이해관계자별 저항 극복 전략 (예시)

이해관계자 성명/부서	저항 이유 or 관심/흥미	극복 전략

A사
사업총괄
본부장
(부사장)
	– ABC 사업과 타 사업부의
	  사업과의 형평성 고려(인원/예산)
	– 해외사업 진출에 관심
		– ABC 사업 성공이 타 사업부 사업과 시
		  너지 효과에 대해 설득
		– 국내 성공으로 해외 진출 교두보 마련
		  의 청사진 제시

A사 연구소장 (전무)	– 기존 계획으로도 연구개발 인력 부족 – 추가 프로젝트 개발 load 부담 – 실패 시 책임 전가 우려	– 필요성을 설명 / 설득 – 사업부 설계실 인력 지원 약속 – 프로젝트 성공에 대한 조건부 보상 지원 – 책임 부분에 대한 R&R 사전 정립

갤러리 워크 Gallery walk

발표자가 많고 시간과 공간이 한정되어 있을 때 역동적으로 활용하는 기법

Step 1. 발표할 주제와 발표자를 정한다.

Step 2. 장소를 준비한다.

 – 각 발표 코너에 플립차트를 준비한다.

 – 발표 내용과 발표자를 각각의 코너에 지정한다.

Step 3. 1회 발표 시간을 정한다. (10분 정도)

 – 몇 회 발표할 것인지 결정한다. (3회 정도)

 – 참가자들은 참여하고 싶은 코너를 자유롭게 선정한다.

Step 4. 1회 발표가 끝나면 신호를 보내어 이동하도록 한다.

 – 지정된 발표를 마치면 종료한다.

 – 발표자가 많으면 한 번 더 진행한다.

논의한 최종 내용을 플립차트에 정리하느라 한차례 분주한 시간이 지나자 장내가 조용해졌다. 제대로 작성이 되었는지 류 소장에게 검토해달라는 신호로 보였다. 류 소장은 본인의 코칭보다 팀 간 공유 및 동료 피드백$^{Peer\ feedback}$을 먼저 실시하자고 제안했다. 갤러리 워크$^{Gallery\ walk}$ 방식을 활용해서 발표자만 남고 각 팀의 팀원들은 다음 팀으로 이동해서 해당 팀 발표자의 설명을 듣고 질문 및 피드백하는 시간을 가졌다. 열띤 발표와 적극적인 질문 그리고 대답으로 교육장은 전통 시장을 연상시켰다. 혁신 리더들과 함께 이동하며 설명을 들은 류 소장과 나 팀장은 생각보다 충실한 내용을 보고 서로 만족하는 표정이었다. 마지막으로 류 소장의 종합 정리를 듣고 마무리했다.

(4) 엘리베이터 연설$^{Elevator\ Speech}$

"여러분, 만약에 중요한 이해관계자, 예를 들어 사업본부장을 우연히 엘리베이터에서 만나게 되었습니다. 그런데 사업본부장께서 진행하고 있는 변화과제에 관해서 관심을 표시하며 간단하게 설명을 부탁했습니다. 이때 짧은 시간 동안에 어떻게 변화과제에 관해서 설명하시겠습니까? 머릿속이 복잡해지지요? 뭐부터 말씀드리지… 등."

실제로 혁신 리더들은 나름 어떻게 설명할지를 머릿속으로 연습하는 듯했다.

"제가 간략하게 상대방에게 설명할 수 있고 지지를 얻는 방법을 소개해 드리겠습니다. 바로 엘리베이터 연설$^{Elevator\ Speech}$입니다. 물론 엘리베이터는 상징적인 장소이고 다른 곳에서도 만날 수 있겠지요. 방법은 이렇습니다. 변화과제와 관련해서 가장 영향력이 큰 인사(이해관계자)와 빈 엘리베이터를 함께 타게 되었다고 가정합니다. 이때 우리가 왜 이러한 변화과제를 다루고 있는지를 그 인사에게 설명하고자 합니다. 가능한 한 90초 이내에 전달하고자 하는 모든 메시지 즉, 변화의 필요성, 변화의 비전, 변화를 위해 그로부터 기대되는 지원 사항을 효과적으로 설명하는 것입니다. 되도록 구어체로 작성합니다. 팀원들과 다른 이해관계자들에게도 통일되고 일관된 메시지를 전달하기 위해 엘리베이터 연설을 연습하겠습니다."

"그런데 왜, 꼭 90초로 정하셨나요?" 홍보팀의 고주파 과장이 질문했다.

류 소장은 바로 대답하지 않고 혁신 리더들을 향해서 다시 질문을 했다. "여러분은 왜 90초라고 생각하시나요?" 다들 궁금한 듯 서로의 얼굴을 쳐다보고 바로 대답하지 못했다. 그때 인사팀의 이인재 과장이 손을 들고 대답했다. "제가 알기로는 사람이 집중해서 듣는 한계치가 90초로 알고 있습니다." 류 소장은 이 대리를 향해서 엄지손가락을 치켜들면서 "네, 맞습니다. 사람들은 본인이 집중해서 듣는다고는 하지만 90초가 지나가면 머릿속이 산만해져서 상대방의 메시지를 집중하지 못한다고 합니다. 그리고 90초까지는 집중해 들음과 동시에 메시지에 대해서 강한 임팩트를 갖게 됩니다. 따라서 지지하고 싶은 마음이 저절로 생기게 되는 것이지요."

혁신 리더들은 류 소장의 설명에 귀를 기울이며 엘리베이터 연설에 대한 기대를 하는 듯했다. 류 소장은 화면에 엘리베이터 연설문 양식을 보여주었다.

엘리베이터 연설Elevator Speech 양식 작성

표 15. 엘리베이터 연설문 양식

1. 우리 변화과제의 목적은 ……………………………………………………에 관한 것입니다.
2. 우리 변화과제가 중요한 이유는 ……………………………………………………입니다.
3. 우리 변화과제가 성공하게 되면 ……………………………………………………한 모습으로 될 것입니다.
4. 우리가 당신으로부터 도움을 받고자 하는 것은 ……………………………………………………입니다.

표 16. 엘리베이터 연설문 양식 (예시)

1. 사업본부장님, 안녕하십니까. 저는 혁신 리더 xxx입니다. 지금 저희 혁신 리더 팀에서는 당사 뉴 비전 달성을 위한 ABC 사업 신규 진출 혁신 활동 프로젝트를 추진하고 있습니다.

2. 최근 OOO시장 환경이 급변하여, 일부 경쟁사는 이미 사업에서 철수한 곳도 있습니다. 우리도 즉시 대책을 마련하지 않으면 앞으로 심각한 수익성 악화가 예상됩니다. 따라서 대안으로 ABC 사업 신규 진출로 OOO시장을 대체하는 매우 중요한 프로젝트입니다.

3. 저희 프로젝트가 성공하게 되면 단기적으로는 적어도 20% 이상의 OOO 매출 증가 및 수익성 향상이 가능할 것으로 기대하고 있습니다. 장기적으로는 ABC 사업에는 물론, 관련 다른 제품 군에도 긍정적인 영향을 주고 더 나아가 해외 진출의 교두보 역할을 하는데, 기여할 수 있을 것으로 예상됩니다.

4. 사업본부장님께서도 많은 관심과 격려를 부탁드립니다. 그리고 보다 상세히 보고를 드릴 수 있도록 언제 시간 내주시면, 저희 프로젝트 현황을 자세히 말씀드리도록 하겠습니다. 감사합니다.

혁신 리더 활동을 위한 엘리베이터 연설

류 소장은 더욱더 현실감 있는 역할 연기$^{Role\ play}$를 하기 위해서 팀 내에서 역할을 정하도록 했다. 사업본부장 역할 1명, 보고 역할 혁신 리더 1명, 다른 혁신 리더는 상황 설명을 하는 역할 그리고 조연 등의 역할을 맡게 하여 전원 참여를 원칙으로 했다. 시나리오를 짜는 시간과 간단하게 리허설을 할 수 있는 시간도 배정했다. 나 팀장은 효과성을 높이기 위해서 역할 연기를 평가해서 혁신 리더 활동 점수에 포함하겠다고 공지했다. '내용의 충실성(40점), 시간 준수: 90초 기준(30점), 참신성 및 전달력(30점)'으로 평가할 것임을 알렸다. 준비를 편하게 할 수 있도록 강의장을 벗어난 장소를 자유롭게 정하도록 했다. 정해진 시간이 되자 한두 팀씩 들어오기 시작했다. 들어와서도 못다 한 리허설을 하는 팀, 역할을 재조정하는 팀으로 교육장은 산만했다. 드디어 역할 연기를 시작했다. 이해관계자를 우연히 만나는 상황도 다양했다. 엘리베이터 안, 회사 1층 로비, 빌딩 내 휴게소, 공장 외 기발한 장소가 나타났다. 나 팀장, 황 과장이 평가위원이 되어 뒷자리에 앉았고, 류 소장은 역할 연기를 진행하면서 별도 점수를 추가하기로 했다. 배우를 해도 될 정도의 연기를 한 팀도 있었고, 기상천외(奇

想天外)한 상황을 연출해서 전원이 배꼽을 잡게 한 팀도 있었다. 모든 팀이 내용도 훌륭했고, 시간도 90초 내외로 잘 지켰다. 평가 위원들이 평가에 어려움을 겪었다. 류 소장은 최종 1, 2, 3등을 호명해서 격려한 후 "여러분, 어떠셨습니까? 할 만하셨습니까?" 하며 혁신 리더들을 둘러보면서 질문을 했다. 바로 대답이 없자 류 소장은 1등을 한 혁신 회오리 팀 리더에게 소감을 물었다.

"네, 짧은 시간에 준비하느라 어려웠지만, 의미 있는 활동이었습니다. 앞으로도 혁신 리더 활동뿐만 아니라 일상 업무에서 보고할 때, 설명할 때도 활용하도록 하겠습니다."

"네, 감사합니다. 혁신 리더 활동 하나하나가 여러분이 조직에서 성장하는 데 많은 도움이 되겠지만, 이번 엘리베이터 연설도 그중의 하나가 될 것입니다.

의사결정자는 짧은 시간 내에 핵심 내용에 대해서 듣기 원하고, 빠른 판단을 내리기를 원합니다. 짧은 시간 내에 자신의 보고 내용을 효과적으로 전달하고, 의사결정자의 관심을 끌어낼 수 있는 역량이 조직에서는 필요합니다."

류 소장의 설명에 혁신 리더들은 다시 한번 엘리베이터 연설의 중요성에 전적인 동감을 한다는 표정을 지었다.

"여기까지 3단계 구성원의 참여 촉진에 대한 학습을 마치고 휴식 시간 이후에는 마지막 단계이면서 중요한 변화의 지속성 유지 방안에 대해서 같이 배워 보겠습니다. 역할 연기하시느라 수고 많으셨습니다."

휴게실에서 커피를 마시고 있는 류 소장에게 어느새 담배 한 대를 피우고 돌아온 황 과장이 다가섰다.

"류 소장님, 엘리베이터 스피치의 중요성에 대해서 저도 100% 공감합니다. 전무님에게 보고할 때마다 서론이 너무 길다고 매번 혼나거든요. 저뿐 아니라 팀원들도 함께 연습하는 시간을 갖도록 하겠습니다."

류 소장은 "좋은 생각입니다. A사의 혁신의 한 축이 되었으면 좋겠습니다."라며 오른손 엄지를 들어 올리며 강의장으로 들어갔다.

정의 : 변화의 필요성, 비전 및 그 밖의 메시지를 분명하게 표현하는 단순하고 명확하며 의미 방법을 제공하는 도구. 변화에 대한 지원과 수행 확보를 목적으로 함.

이용 방법 :
- 이해관계자와 엘리베이터에 함께 타면서 90초 동안 대화하는 상상을 한다.
- 변화과제와 변화의 필요성, 미래의 비전에 관해 설명한다.
  (왜 우리가 이런 변화를 시도하는지도 설명)
- 변화를 성공적으로 이행하기 위해 이해관계자의 도움을 요청한다.
- 추진 팀원 모두가 언제든 공통된 메시지를 일관된 방법으로 이해관계자에게 전달할 수 있도록 준비한다.
- 이해관계자와 대화하기 위해 정기적으로 이 도구를 이용한다.
- 그 밖에 프로젝트에 관한 보고 수단이나 자신을 위한 홍보 수단으로, 직접 혹은 업무를 통해 문제를 해결해주는 도구로써 이용할 수 있다.

5) 제4단계: 변화 지속성 유지

(1) 변화관리의 용두사미(龍頭蛇尾) 현상

"구성원들이 변화에 동참하지 않는 이유 중의 하나가 변화 지속성에 대한 불신입니다. 매번 시작은 거창했는데, 변화된 것이 없고, 마무리가 안 되고, 구체적인 결과도 없다는 것입니다. 바로 '변화관리의 용두사미(龍頭蛇尾) 현상'입니다.

그 이유로는 첫째, 변화관리를 제도화하지 않고 단지 일회성 이벤트로만 여긴다는 것입니다.

둘째, 단번에 모든 것을 다하려고 하다 보니 어느 것 하나 제대로 진행되는 것이 없다는 것입니다.

셋째, 필요한 자원을 제때 지원받지 못하기 때문입니다. 마지막으로 경영진의 관심이 다른 중요 이슈로 변경되기 때문입니다. 즉, 우선순위에서 밀리는 것입니다. 이런 것들이 반복되다 보니 구성원들은 지켜는 보되 적극적인 참여를 꺼리게 됩니다. 따라서 변화 활동의 지속성을 유지하기 위해서는 장기적이고 가시적이며 통합적인 변화관리가 보장되어야 합니다.

이번 혁신 리더 활동은 CEO를 포함해서 경영진의 적극적인 지원과 관심을 약속받은 만큼 A사 변화관리의 초석이 되기를 바랍니다. 그러기 위해서는 혁신 리더 여러분의 노력이 필요합니다. 이어서 지속성 유지를 위한 체크포인트를 제공해 드리겠습니다.”

(2) 지속성 유지 체크포인트^{Check Point}

류 소장은 오른손 손가락 세 개를 펴서 보이더니 하나씩 손가락을 접어가면서 세 개의 지속성 유지 체크포인트를 설명했다.

“첫째, 초기의 성공을 체험해야 합니다.

작은 성공이라도 초기의 성공 체험이 전파되고 조직 내에 공유되고 있는지 체크해야 합니다.

둘째, 참여의식 유지입니다.

혁신 리더로서 변화 활동에 대한 열정이 말과 행동을 통해 조직 내에 전달되고 있는지 수시로 확인합니다. 그리고 영향력 있는 이해관계자의 높은 수준의 참여가 유지하고 있는지, 충분한 지원은 계속되고 있는지 체크해야 합니다.

셋째, 공유를 통한 학습 조직화입니다.

변화 활동으로 얻은 경험과 베스트 프랙티스^{Best practice}는 조직 내에 공유가 잘되고 있는지, 변화 활동에 참여함으로써 혁신 리더는 능력이 신장하고 변화 리더가 되기 위해 능력이 향상되었는지 체크합니다.”

제3장

혁신 리더 활동의 경쟁력을 높여라: 혁신 리더 육성 워크숍 3

1. 세션 5 – 퍼실리테이션으로 승부하라

"벌써 3일 차가 되었습니다. 이번은 퍼실리테이션^{Facilitation} 세션입니다. GE의 전 회장인 잭 웰치는 회장 시절 GE의 혁신을 이끌어 갈 때 모든 조직에서 '퍼실리테이션 회의가 아닌 회의는 하지 말라'라고 지시했을 정도로 퍼실리테이션의 중요성을 강조했습니다. 지금도 GE 혁신의 중심에는 퍼실리테이터가 있다고 해도 과언이 아닐 것입니다. 마찬가지로 우리가 변화과제를 실행하는 데 가장 필요한 것이 퍼실리테이션 스킬입니다. 즉, 혁신 리더는 퍼실리테이터가 되어야 합니다. 먼저 이번 세션에서는 퍼실리테이션의 용어 정리와 퍼실리테이터의 역할과 역량에 대해서 학습합니다. 그리고 이어서 퍼실리테이션 스킬을 언어적, 비언어적으로 나누어 실전에서 참가자들과 어떻게 커뮤니케이션하는 것이 효과적인지에 대해서 실습 위주로 진행하도록 하겠습니다."

뒤편 준비팀에 앉아서 듣고 있던 황 과장과 김진실 대리는 자칭 퍼실리테이션 전도사라고 공언하는 류 소장이 유독 퍼실리테이션 세션에서 목소리를 높이는 것을 감지했다. 류 소장은 퍼실리테이션의 정의부터 설명했다.

"퍼실리테이션은 회의나 워크숍과 같은 팀 활동 프로세스에 관여하는 것으로, 사전에 계획된 절차대로 회의 참석자의 아이디어를 끌어내고 결론을 도출해 팀의 목적을 달성할 수 있도록 촉진하고 지원하는 활동을 말합니다. 최근 들어 많은 조직에서 이러한 퍼실리테이션을 다양한 방면에 사용하고 있습니다. 회의와 워크숍은 물론 혁신 및 조직개발 프로그램 수행 등에도 조직의 필요성에 맞게 퍼실리테이션을 활용하고 있습니다. 조직 차원에서도 인적 자원 Human Resources 및 경영혁신 부문 역할 중 중요한 부분을 퍼실리테이션 능력을 확보하는 것이라고 보고 있습니다. 따라서 조직 내에서 자질 있는 사람들을 선발하여 퍼실리테이터 양성 교육을 통해서 퍼실리테이터 풀을 확보하고 있기도 합니다."

류 소장은 화면에 프란 리Fran. Rees의 'The Facilitator Excellence Handbook'에서 언급한 '조직에서의 퍼실리테이션의 이점'을 보여주었다.

- 팀 활동에서 합의된 결론을 지원하는 데 더욱 동기부여가 된다.
- 개인의 노력보다 팀 활동의 노력이 더 좋은 결과를 산출해낸다.
- 최대 참여와 동참을 유도하고 생산성을 증대시킨다.
- 리더는 이러한 능력을 조직적 성공에 이용할 수 있다.
- 모두가 유익하고 좋은 기회로 여기고, 팀 노력의 중요한 부분으로 인식하고 있다.
- 사람들이 결정된 사안에 대해서 함께 지키기로 약속해서 조직은 유연해지고, 더 빨리 결과가 도출된다.
- 실행 결정에 대한 책임이 모두에게 있다고 인식하게 된다.
- 혁신, 문제 해결 그리고 실행 능력이 만들어진다.
- 사람들이 조직 전체에 바람직한 것을 위해 생각하고 행동하게 된다.
- 높은 질(質)의 의사결정이 가능해진다.
- 건설적인 갈등 해결과 오해의 해명을 위한 장(場)이 제공된다.

• 낮은 참여, 다른 사람으로부터의 정보 단절 등과 같은 부정적인 영향이 줄어들고, 책임 전가 식의 태도 또한 줄어든다.

1) 혁신 리더 활동과 퍼실리테이션의 활용

이어서 류 소장은 다음 장표에서 한국퍼실리테이터협회 홈페이지에 있는 '퍼실리테이션의 활용 영역'을 설명했다.

"퍼실리테이션은 단순히 회의나 워크숍 진행뿐만 아니라 전 조직에서 다양하게 활용되고 있습니다. 화면에서 보는 것처럼 회의 및 워크숍도 좀 더 구체적인 목적에 따라 비전 설정, 전략 수립, 의사결정, 아이디어 도출, 문제 해결 등에 활용할 수 있습니다. 그 외에도 조직 내 갈등 해결, 팀 빌딩(특히 부서 간의 업무 협조를 위한 경우)뿐만 아니라 그룹 코칭(개인 코칭이 아닌), 기업이나 학교 교육 현장에서도 최근 실습 교육이 주류를 이루고 있어 퍼실리테이션의 활용 영역이 커지고 있습니다. 나아가서 다양한 분야의 컨설팅에서도 퍼실리테이션이 활용되고 있습니다. 당연히 혁신 리더 여러분도 퍼실리테이터가 돼야 하겠지요?"

그림 3. 퍼실리테이션 활용 영역

출처: 한국퍼실리테이터협회 홈페이지(http://www.facilitator.or.kr)

류 소장은 이어서 퍼실리테이터의 역할에 관해서 설명했다.

"효과적인 퍼실리테이터가 되기 위해서는 다음과 같은 일곱 가지의 역할을 할 수 있어야 합니다.

첫째, 팀 활동이 주제에 초점을 맞출 수 있도록 참석자의 적극적인 참여를 유도하고, 참석자가 주제에 집중할 수 있도록 균형 있는 참여를 확보합니다.

둘째, 프로세스 전문가로서 문제 해결과 의사결정을 위한 가이드와 방법을 제공해 팀 활동 참석자들이 공동 목표를 효과적으로 달성할 수 있도록 합니다.

셋째, 논의 내용에는 중립을 유지하고, 팀 활동의 목표 달성을 위한 프로세스를 개발하도록 도와줍니다. 이때 내용 전문가로 접근하면 안 됩니다. 그리고 참석자에게서 나온 내용을 기록하고, 조직화하고, 요약합니다.

넷째, 개방적이고 지지하는 분위기를 유지해 구성원 간 갈등과 커뮤니케이션을 조정합니다. 그리고 참석자가 서로 대화하도록 촉진합니다. 무시당하거나 공격받지 않도록 팀 활동 참석자와 그의 아이디어를 보호합니다. 그리고 팀원의 의견을 주의 깊게 듣고, 다른 팀원에게도 주의 깊게 들을 것을 요청합니다.

다섯째, 필요한 자원을 팀원이 활용할 수 있도록 도와주고 팀이 지식, 경험, 창의력의 산실임을 강조합니다. 이때 자원이 잘 산출될 수 있도록 효과적인 퍼실리테이션 스킬을 활용합니다.

여섯째, 참석자가 서로의 차이점을 인식하고 인정하도록 도와주고, 공동의 목표에 대한 다른 관점을 유발하고 생각할 수 있게 격려합니다.

일곱째, 팀이 최종 의사결정을 하거나 합의가 될 때까지 책임을 지고, 팀이 자체적으로 진척도나 개발에 대해 평가할 수 있도록 독려합니다."

류 소장은 퍼실리테이터의 역량에 대해서 보충 설명을 했다.

"퍼실리테이터로서 능력을 인정받기 위해서는 다음과 같은 역량을 갖추어야 합니다."

2) 혁신 리더가 갖춰야 할 퍼실리테이터 역량

퍼실리테이터 역량

제1 역량: 전문가로서 권위 및 확신이 있을 것
- 오만하거나 위협적이지 않으면서 전문가로서 권위를 유지, 회의를 관리할 수 있는 능력

제2 역량: 훌륭한 청취자일 것
- 논의된 아이디어뿐만 아니라, 그 이면에 숨어있는 생각과 감정까지도 이해할 수 있는 능력

제3 역량: 직관력을 가질 것
- 참석자의 언어적, 제스처 같은 비언어적인 의사소통을 모두 감지할 수 있는 능력. 또는 다양한 관점에서 사물을 보는 능력

제4 역량: 말을 설득력 있게 할 것
- 참석자를 효과적으로 이끌기 위해 자기 아이디어와 생각을 분명하고 간략하게 표현할 수 있는 능력

제5 역량: 시간을 잘 조정하는 시간 관리자일 것
- 목표가 제시간에 달성될 수 있도록 전체 시간을 잘 관리할 수 있는 능력

제6 역량: 조직적인 프로세스 관리자일 것
- 프로세스를 계획하고 목표를 달성하는 데 필요한 정보를 조직적으로 수집하고 그것을 팀에 정확하게 제공할 수 있는 능력

제7 역량: 중립을 지키고 객관적일 것
- 자신의 개인적이고 주관적인 의견을 개입하지 않고, 지금 다루고 있는 이슈로 부터 자신을 분리해 중립성과 객관성을 유지할 수 있는 능력

제8 역량: 위험을 감수할 수 있을 것
- 그룹의 진행 과정을 촉진하기 위해서 어떤 비평이나 비난도 두려워하지 않고 기꺼이 수용하고 자신을 드러내 놓을 수 있는 능력

출처: 단순하지만 강력한 스마트 미팅, 류한수, 2012, 학이시습

2. 세션 6: 혁신 리더 활동, 소통 역량이 핵심이다

류 소장은 혁신 리더가 갖춰야 할 핵심 스킬이 질문과 경청 스킬이라고 단언했다.

"혁신 리더는 이해관계자 회의에 참석한 사람들이 편하게 자신의 의견을 말하게 하고, 나온 내용을 정리해 최종 결과물을 만들어 내야 한다. 따라서 혁신 리더가 실전에서 갖춰야 할 핵심 스킬이 질문 기법과 경청 기법입니다.

코닝의 전 CEO인 제이미 휴턴[Jamie Houghton]은 '리더가 해야 할 중요한 역할 중 하나는 질문을 던지고 이를 통해 활발한 의견 교환이 이뤄지게 하는 것'이라고 했습니다. 그만큼 조직 리더뿐만 아니라 탁월한 혁신 리더라면 훌륭한 질문이 얼마나 중요한지를 알 것입니다."

1) 먼저 이해관계자의 요구를 파악하라

류 소장은 변화과제를 선정하기 위해서 이해관계자의 요구를 파악하는 게 중요하다고 언급했다.

"이해관계자 중에서 챔피언 역할을 맡은 사업부장의 니즈(요구 사항)가 우선 파악이 되어야 합니다. 니즈를 파악하기 위한 인터뷰 질문 사례를 보여드리겠습니다. 그리고 두 분이 짝을 지어서 한 분은 혁신 리더 그리고 다른 한 분은 사업부장 역할을 맡아서 간단한 역할 연기[Role play]를 해보겠습니다."

류 소장은 스크린에 인터뷰 프로세스와 해당하는 질문 예시를 보여주었다.

"여러분께서 사전에 준비하신 기획안(案)으로 가져오신 변화과제를 가지고 실습하겠습니다."

표 17. 인터뷰 프로세스

인터뷰 프로세스	질문 예시
1. 인사말과 인터뷰 목적 설명	
2. 변화과제를 선정하게 된 배경 설명	변화과제를 제시하시게 된 배경에 대해 말씀해 주십시오. Q. 왜 이번 변화과제를 선정하셨는지요? Q. 해결을 위한 시도는 과거에 있었습니까? Q. 사업부 전략과제와 연계성은 있습니까? Q. 구성원들 간의 인식의 GAP이 존재한다고 생각하십니까?
3. 전략적인 측면	Q. 이번 과제와 연계해서 장기적인 전략이나 별도 TFT 활동으로 풀어가야 할 영역은 없습니까?
4. 협조	Q. 이 과제와 관련하여 타 사업부의 협조가 꼭 필요하지는 않습니까? (혹시 전사적인 차원과 연결되어야 할 부분이 있는지)
5. 결과물^{Output}	Q. 과제 챔피언으로서 이번 혁신 리더 프로젝트가 끝날 때 어떤 결과물^{Output}이 나오기를 기대하십니까?
6. 당부 사항	Q. 과제 챔피언은 과제 실행안이 나오면 사후관리$^{Follow\ up}$에도 책임을 지셔야 합니다. Q. 또 성공할 수 있도록 관심을 가지고 지원/격려해야 혁신 리더 활동이 성공할 수 있습니다. (예를 들면 1달 1회씩 진척 상황 공유 미팅 등을 주관한다든지.)
7. 감사의 말씀	

2) 질문 기법$^{Power\ Question}$

"질문은 참석자와 혁신 리더의 중요한 커뮤니케이션의 수단입니다. 질문은 참석자의 적극적인 참여를 이끌고 토의를 활성화하는 데 중요한 역할을 합니다. 회의를 효과적이고 생산적으로 진행하기 위한 혁신 리더의 역할 중 가장 중요한 것이 '질문하기'입니다. 즉, 회의 참석자가 적극적으로 토의에 참여해 아이디어를 내게 하려면 참석자에게 적절하게 질문해야 합니다. 혁신 리더는 회의 진행 중에 설명보다는 질문을 많이 해야 합니다. 혁신 리더는 다음과 같은 목적을 달성하기 위해 질문을 합니다."

류 소장은 화면에 나타난 '질문의 목적'을 설명했다.

- 참석자의 아이디어 및 사고를 촉진
- 참석자의 자발적인 대답 유도
- 참석자의 주의 집중
- 참석자의 적극적인 토의 참여
- 참여가 없는 참석자를 독려 혹은 자극
- 참석자의 여러 가지 의견이나 견해 청취
- 참석자의 이해도 확인
- 참석자의 의견 확인

다음으로 류 소장은 계속해서 혁신 리더가 지켜야 할 '일곱 가지 질문 규칙'에 대해 설명했다.

(1) 혁신 리더가 지켜야 할 일곱 가지 질문 규칙

"첫째, 참석자에게 골고루 질문을 하되, 특정한 몇몇 사람만이 질문에 대답하는 것을 막아야 합니다.

둘째, 질문 사항에 대해 참석자가 충분히 대답할 수 있도록 사전에 질문 내용과 순서를 준비해야 합니다. 일반적인 사항에서 구체적인 사항으로 질문해 나가는 것이 좋습니다.

셋째, 초기에는 대답하기 쉬운 질문을 합니다.

넷째, 질문한 뒤에는 참석자에게 반드시 생각할 시간적 여유를 주어야 합니다.

다섯째, 질문에 대해 참석자가 이해하지 못했을 때는 다시 한번 명확하게 질문합니다.

여섯째, 질문에 대답이 없는 경우, 혁신 리더는 인내심을 가져야 합니다. 이때 급하게 자신이 대답해서는 안 됩니다. 오히려 질문 사항을 플립차트 등에 써서 다시 한번 참석자들에게 질문을 던지면, 다른 참석자가 대답할 수도 있습니다.

일곱째, 편향된 질문은 지양하고 공평한 질문을 합니다. 특히 혼란을 초래하는 불필요한 질문은 삼갑니다."

혁신 리더들은 질문의 중요성과 목적에 대해서 공감한다는 듯 류 소장의 설명을 집중해서 들었다.

(2) 활용할 수 있는 실전 질문 요령

"추가로 회의를 이끌 때 활용할 수 있는 질문 요령을 설명하겠습니다.

첫째, 회의 초반에는 전체 참석자에게 질문을 합니다. 전체 질문 후 바로 대답이 나오지 않으면 '지명 질문'(표 18 질문 유형 참조)을 활용해 한 사람을 지명해서 질문합니다. 지명한 사람에게 질문할 때 그 사람의 이름을 먼저 부르고 나서 질문 사항을 말합니다. 이것은 그 사람이 질문에 집중하도록 주의를 환기하는 것입니다.

둘째, 한 번에 한 가지만 질문하고, 필요시 그 질문을 하는 이유를 설명합니다.

셋째, 소극적인 팀원에게는 될 수 있는 대로 질문을 피합니다. 개인차를 고려하되, 참석자를 공격하는 식의 질문은 삼갑니다.

넷째, 아이디어를 제한하는 '예/아니오'로 답이 나오는 질문, 즉 폐쇄형 질문은 가능한 피합니다.

다섯째, 답변에 따라 적절한 반응, 즉 칭찬이나 감사를 하며 관심이 있음을 보입니다. 가능하면 답변 가운데 중요 단어^{Key word}를 뽑아 플립차트 등에 적습니다. 이것은 혁신 리더가 참석자의 답변을 듣고 있으며, 관심이 있음을 나타냅니다. 다른 참석자의 아이디어나 대답을 촉구하는 데 도움을 줍니다.

여섯째, '왜'라고 시작하는 질문은 마치 상대방을 심문하는 식으로 보이기 쉽고 상대방의 마음을 닫게 해 방어적 태세로 몰아갈 우려가 있습니다. 필요에 따라 우회적으로 질문하는 것도 좋습니다. 예를 들어 "왜 그렇게 이야기하시지요?"라고 말하는 대신 "그렇게 이야기하시는 것을 보니 다른 이유가 있는 것 같습니다. 말씀해 주시겠습니까?"라고 변경하면 상대방이 좀 더 편하게 자신의 의견을 말할 수 있습니다. 이처럼 객관적인 입장에서 대답할 수 있도록 합니다.

일곱째, 토의 진행 과정에서 어젠다와 관련 없는 방향으로 이탈하지 않도록 하며, 동시에 회의 목표를 향해 곧장 진행되도록 질문을 통해 분위기를 유도합니다."

여기까지 속사포로 설명을 이어간 류 소장은 혁신 리더들을 둘러보면서 마무리했다.

(3) 질문 유형

"혁신 리더는 질문의 사용에 소홀하지 말아야 하며 여러 가지 질문법의 활용에 숙달되어야 합니다. 다양한 질문 기법을 학습해 놓으면 어떤 상황에 부닥치더라도 충분히 극복해 나갈 수 있습니다. 교재에 있는 '질문 유형'은 혁신 활동 시 혁신 리더가 활용할 수 있는 질문을 유형별로 정리한 것입니다. 팀별로 유형을 하나씩 맡아서 역할 연기Role Play를 하면서 체득하는 시간을 갖도록 하겠습니다."

표 18. 질문 유형

질문 유형	내용 및 사례
개방형 질문 (Open Question)	질문에 대한 답변 방식이 정해져 있지 않아서 참가자가 자유롭게 대답할 수 있는 질문으로, 다양한 의견 도출을 유도할 때 활용한다. (예시) "주제에 대해 사전에 알고 참가하셨습니까?" "어떻게 하면 해결할 수 있을까요?" (장점) 　- 자유로운 답변이 가능하므로 참가자가 틀에 얽매이지 않는 아이디어 발상이 확산할 수 있다. 　- 참가자의 참여 및 아이디어를 자극할 수 있다.

폐쇄형 질문 (Closed Question)	'예, 아니요' 정도로 사전에 답이 정해져 있는 질문으로 회의 초기에 가벼운 질문으로 시작할 때 또는 논점을 좁히거나 논의를 유도할 때 활용한다. (예시) "여러분, 오늘 날씨 좋지요?" "지금까지의 프로세스를 이해하시지요?" (장점) 참가자의 대답을 통제할 수 있어서 논점을 좁히거나 논의를 유도할 때 도움이 된다.
지명형 질문	특정한 사람을 지명해서 하는 질문으로, 적극적으로 참여하지 않는 사람을 참여시키기 위해서 또는 특정인이 가지고 있는 특정(전문) 정보/지식을 얻기 위해 활용한다. (예시) "이 차장님, 지금까지 한마디도 하지 않고 듣고만 계시는데 혹시 특별히 생각하신 아이디어가 있으면 말씀해 주시겠습니까?"
릴레이 형 (연계) 질문	상대의 질문을 받고 그것을 다른 사람에게 다시 하는 질문으로 혁신 리더에게 답변을 요구했으나, 답변하기가 어렵거나 참석자 중 다른 사람이 답변하는 것이 효과적일 때 또는 특정 개인이 자신의 주장을 전체의견과 반하여 강력히 얘기할 때 활용한다. (예시) "이 과장님의 질문에 대해 김 차장님은 어떻게 생각하십니까?" "지금 박 과장님께서 성과 매트릭스에 의한 해결안 평가가 과연 적절한지 물어오셨는데, 다른 분들은 어떻게 생각하십니까?"
반사형 질문	특정 참석자의 질문에 대해 바로 그 참석자에게 되짚어 물어보는 질문으로, 참가자의 부담스러운 질문을 자연스럽게 처리하고자 할 때 활용한다. (예시) "그렇게 질문하신 고 과장님의 개인적인 의견은 어떻습니까?"
정리(요약) 질문	참가자가 표현하고자 하는 의도를 구체적이고 명확하게 요약 정리하여 되물어볼 필요가 있을 때 또는 하나의 단계를 마무리할 때 활용하며, 주요 단어와 맥락을 파악해서 짧은 문장으로 정리한다. (예시) "고객 불만의 원인이 복잡한 서류 작성 때문인데, 바로 이런 근본 원인을 잡지 않으면 고객 불만이 해소될 수 없다는 말씀이시지요?" (주의할 점) – 가장 중요한 방법은 적극적으로 듣는 것이고, 말한 사람의 주요 단어를 기록하는 것이다. – 말한 것에 첨가하거나 바꾸려고 하지 말아야 하고 가능한 말한 사람의 정확한 단어를 사용하도록 노력한다. – 참석자가 표현하기 어려워하는 아이디어를 좀 더 명확하게 하는 데 사용한다.

	참석자가 말한 것을 혁신 리더의 말로 정리해 바꾸어 말하는 정리 질문의 일종으로 참석자가 이해하고 있는지를 확인할 때 또는 참석자가 표현하기 어려워하는 아이디어를 좀 더 명확하게 할 때 활용한다.
바꾸어 질문하기 (Paraphrasing)	(주의할 점) – 참가자가 표현하기 어려워하는 아이디어를 좀 더 명확하게 하는 데 사용한다. – 말한 사람이 사용한 단어를 개선하기 위해 '바꿔 말하기'를 사용해서는 안 된다. – 말한 것에 첨가하거나 바꾸려고 하지 말고. 가능한 한 말한 사람이 사용한 단어를 정확히 표현하도록 노력한다.

팀별로 질문 유형에 대한 역할 연기가 끝나고 30분간 휴식 시간을 가졌다.

휴게소에 쉬고 있는 류 소장에게 나 팀장과 황 과장이 다가왔다. 황 과장은 새로 들여놓은 커피머신에서 내린 커피 맛이 좋다며 커피를 달고 사는 듯했다. "혁신 리더들의 참여 자세가 좋습니다." 나 팀장이 먼저 말을 꺼낸다.

"네, 저도 같은 생각입니다. 자의 반 타의 반으로 혁신 리더가 되어서 참석했는데, 류 소장님의 혁신 리더의 이점과 역할에 대한 설명을 듣고 자부심과 자신감이 생긴 것이 아닌가 합니다."

황 과장의 아부 섞인 발언에 나 팀장도 인정하는 듯했다.

3) 구성원의 소리를 듣자

휴식 시간 후에 류 소장은 질문 다음으로 중요한 커뮤니케이션 수단인 경청 기법에 관해서 설명했다.

"피터 드러커는 '가장 중요한 커뮤니케이션 능력은 상대방이 말하지 않는 것을 듣는 능력이다'라고 말했습니다. 바로 적극적 경청Active Listening의 중요성을 지적한 것입니다. 적극적인 경청이란 말하는 사람의 이야기를 이해하려고 열심히 듣고 상대방의 의사를 존중하는 태도입니다. 상대방의 이야기에 적극적으로 귀를 기울이는 것만으로도 상호 간 신뢰감이 쌓입니다.

적극적 경청은 긍정적인 태도를 보이고 적극적으로 상대방의 이야기에 귀를 기울이면 되는 것이지만, 의외로 이것이 쉽지 않습니다. 상대방의 말을 이해하려고 노력하기보다는 평가만 한다거나 이야기를 제대로 듣지 않기 때문입니다. 더욱이 자신과 다른 생각이 있는 사람에게는 부정적인 이미지를 가지게 되어, 자신도 모르는 사이 부정적 메시지를 상대방에게 보냅니다.

이것을 해결하기 위해 무엇보다 상대방의 이야기에 흥미가 있고 공감하면서 들어야 합니다. 그렇게 하면 자연스럽게 상대방의 이야기에 주의를 기울이게 되고 상대방의 의견을 이해할 수 있습니다. 그러면 상대방도 내가 이야기할 때 나와 같은 태도로 듣고 공감할 것입니다. 바로 커뮤니케이션의 선순환이 만들어지는 것입니다."

류 소장은 설명하다 말고 책 한 권을 보여주었다. 스티브 코비Stephen Covey의 『성공하는 사람들의 7가지 습관The 7 Habits of Highly Effective People』이었다.

"경영학자 톰 피터스Tom Peters가 '당신의 삶을 송두리째 뒤바꿔 놓을 경이로운 책'이라고 소개한 책입니다. 여러분, 다 읽어보셨지요? 아직 못 보신 분들은 혁신 리더 활동 전에 읽어보시길 적극적으로 추천합니다. 혁신 리더로서 자신부터 어떻게 변할 것인가를 이끌어주는 책입니다. 이 책을 보면 일곱 가지 습관 중 다섯 번째 습관이 '경청한 다음에 이해시켜라Seek first to understand, Then to be understood'입니다. 상호 간의 커뮤니케이션에 대한 부분으로, 먼저 상대방의 이야기를 경청하고 그 뒤에 상대방을 이해시키라는 것입니다. 이와 관련해 코비는 '대부분 사람은 이해하기 위해 듣지 않는다. 대답하기 위해 듣는다. 다른 사람이 말하는 동안, 자신의 대답을 준비한다.'라고 지적합니다. 그만큼 경청이 회의를 포함한 비즈니스뿐만 아니라 일상생활에서도 쉽지 않다는 것입니다. 인간의 귀가 두 개고 입이 하나인 것은 듣는 것이 중요하기 때문이라는 일반적인 상식을 다시 한번 되새겨 볼 필요가 있습니다."

(1) 적극적 경청^{Active Listening}

류 소장은 본격적으로 적극적 경청에 관해서 설명하기 시작했다.

"회의 참가자뿐만 아니라 혁신 리더에게 있어서 적극적 경청은 매우 중요한 기법이자 기본 태도입니다. 혁신 리더의 듣기에 대한 원칙으로 '20 : 80 법칙'을 소개하고자 한다, 듣기를 80% 하고 말하기를 20% 하라는 뜻입니다, 여기서 말하기도 주로 질문하기에 많은 시간을 배정합니다. 그러려면 다음과 같은 자세가 필요합니다.

첫째, 평소에 말을 많이 하는 훈련보다 잘 듣는 훈련이 필요합니다.

둘째, 성실한 태도와 자세로 참석자의 의견을 경청합니다.

셋째, 제2의 두뇌인 손을 활용한 보디랭귀지, 시선 맞춤을 통해 적극적인 경청 태도를 보입니다."

(2) 적극적 경청 실습

류 소장은 혁신 리더들에게 옆 사람과 짝을 짓도록 요청했다.

"혁신 리더가 참석자의 의견을 잘 듣기 위해 훈련이 필요한데, 상대방의 말에 대한 이해와 공감을 깊게 하는 경청 기법을 소개하고자 합니다. 바로 참가자의 말을 혁신 리더 자기 말로 다시 되풀이하는 '반복하기' 기법입니다. 반복하기는 말하는 사람과 듣는 사람 모두에게 도움이 됩니다. 우선 말하는 사람의 입장에서 자신의 메시지가 상대방에게 어느 정도 전달되는지를 학습할 기회가 됩니다. 또한, 내용을 반복해 말함으로써 듣는 사람의 이해도 빨라집니다. 이해가 되지 않으면 설명을 할 수 없으므로, 자기 말로 다시 되풀이하다 보면 머릿속을 정리할 수 있습니다.

전 시간에 학습한 질문 유형 중에서 '정리(요약) 질문'과 '바꾸어 말하기'를 잘하기 위해서는 바로 이 반복하기가 도움이 됩니다. 반복하기는 3단계'로 진행합니다. 먼저 반복하기, 다음으로 정리해 확인하기, 마지막으로 자신이 이해한 말로 바꾸어 말하기 순으로 연습하겠습니다.

먼저 반복하기는 상대방이 한 말을 그대로 반복해 말하는 것을 말합니다.

예를 들어, '그것은 문제가 아니라 원인입니다. 따라서 원인 분석을 제대로 해야 합니다.'라는 들은 그대로 '그것은 문제가 아니라 원인입니다. 따라서 원인 분석을 제대로 해야 합니다.'로 반복하는 것입니다. 어려울 것 같다고요?

아닙니다. 집중해서 들으면 다 반복해서 따라 할 수 있습니다.

오른쪽에 계신 혁신 리더가 두 문장 정도의 말을 하고 왼쪽에 계신 혁신 리더가 그대로 따라 하는 것입니다. 자, 시작하시지요."

류 소장의 구령에 따라서 혁신 리더들은 역할에 따라서 실습했다. 여기저기서 어색한 듯 웃음소리가 들려왔다. 그래도 진지하게 실습에 참여하는 혁신 리더가 더 많았다.

"어떻습니까? 똑같이 반복하는 것이 어렵지요? 상대방이 내 말을 듣고 똑같이 반복해 주었습니다. 기분이 어떠신가요?" 류 소장의 질문에 일부에서 "내 이야기를 들어주었기 때문에 기분이 좋았습니다."라는 반응이 나왔다.

"네, 맞습니다. 상대방이 내 말을 똑같이 했다는 것은 내 말을 경청했다는 것이지요. 그래서 기분이 좋은 것입니다."

설명을 들은 혁신 리더들은 공감한다는 분위기였다.

"다음은 정리해 확인하기입니다. 반복하기보다 난이도가 있는 실습입니다.

정리해 확인하기는 상대방의 이야기를 간추려서 요약해서 말해주는 것입니다. 예를 들어 상대방이 발언한 내용을 듣고 '간단히 말하면 ~라는 것이지요?' 또는 '김 과장님의 의견의 핵심은 ~라는 것이지요?' 또는 '지금 질문은 ~라는 취지로 받아들여도 좋겠습니까?' 등과 같이 상대방이 나에게 주려는 핵심 메시지를 확인하는 것입니다."

류 소장의 설명을 들은 혁신 리더들은 그런 것을 어떻게 하냐는 표정이었다. 그러나 막상 실습은 진지하게 참여했다.

어느덧 자신감이 붙은 표정이었다.

"다음은 마지막으로 난이도가 제일 높습니다. 자신이 이해한 말로 바꾸어 말하기입니다. 즉, 들은 내용을 자신이 이해한 말로 바꾸어 말하는 것입니다.

예를 들어 '그러니까 지금 기술한 문제점에는 원인도 뒤섞여 있으니 명확하게 정리할 필요가 있다는 말씀이시지요?'"

설명을 들은 혁신 리더들은 더욱 적극적으로 실습에 임했고 적극적 경청에 자신감이 충만해졌다. 류 소장은 적극적으로 실습에 참여해준 것에 감사의 말을 전하고 이어서 뛰어난 경청가가 되기 위한 보충 설명을 했다.

(3) 뛰어난 경청가가 되기 위해

몇 년 전 조선닷컴에 재미있는 기사가 실렸습니다. 과연 '히어링Hearing'과 '리스닝Listening'은 얼마나 다를까? 프랑스의 의학자 알프레 토마티Alfred Tomatis는 '히어링'은 귀에 들려오는 소리를 듣고 무심히 흘려보내는 수동적 듣기이고, '리스닝'은 의식을 집중해 정보를 모은 뒤 이를 분석해 뇌로 보내는 '능동적 듣기'라고 설명했습니다. 이에 따르면, 이 글에서 얘기하는 경청은 바로 영어로 '리스닝'에 해당한다는 것입니다. 적극적 경청은 다른 사람을 이해하기 위해 의식적으로 노력해야 하는 일종의 프로세스입니다. 성공적인 혁신 리더는 모두 적극적인 경청자Active Listener입니다.

혁신 리더가 갖추어야 할 최고의 역량은 위에서 언급한 것처럼 적극적인 경청 능력입니다. 항상 말하는 것보다 듣는 것에 집중하며, 끊임없이 자신의 경청 능력을 향상하려고 노력해야 합니다. 『소그룹을 살리는 리더, 코치』의 저자인 조엘 코미스키Joel Comiskey에 의하면, 성서에 '경청하다'라는 단어가 352번, '듣는다'라는 단어가 379번 등장한다고 합니다. 그만큼 경청이 중요하다는 의미입니다.

먼저, 경청을 잘하려면 성실해야 하고 노력이 필요합니다. 나아가서, '주의 깊게 경청'을 해야 합니다. 주의 깊게 경청하는 것이 중요한 이유 중 하나로, 말하는 것보다 생각하는 것이 4~5배 더 빠르기 때문입니다. 만약 말하는 사람이 1분에 120단어를 말한다면, 듣는 사람은 1분에 약 500단어를 생각한다고 합니다. 그러므로 주의를 기울이려면 억지로라도 말하는 사람 각각의 단어에 집중해야 합니다, 경청은 어려운 일이지만 혁신 리더에게는 매우 중요하며 꼭 필요한 일입니다.

집중해서 듣는다는 것은 상대 생각의 흐름을 그대로 따라간다는 의미가 포함되어 있습니다. 상대방이 한 말을 정확하게 반복할 수 있는가? 상대방이 한 말을 단지 요약할 수 있느냐가 아니라 정확히 재현할 수 있느냐는 뜻입니다. 경청하려면 주의를 집중해야 합니다. 뛰어난 경청가는 타고나는 것이 아닙니다. 또한, 무언(無言)의 말과 몸짓을 경청하는 것이 표현된 말을 경청하는 것보다 더 중요할 때도 있습니다. 혁신 리더는 참석자가 말로 표현하지 않은 이야기를 알아차리기 위해 행간을 읽을 줄 알아야 합니다. 참석자의 발언 이면에 감추어진 의도를 알아차리려면 어떻게 해야 할까?

혁신 리더는 경청을 위해 조직 구성원과 반드시 시선을 맞추도록 합니다. 구성원의 눈을 쳐다보면 주의를 집중하는 데 도움이 될 뿐만 아니라, 상대방은 관심을 받고 있다는 느낌이 듭니다. 누군가와 눈을 맞추는 것은 그 사람의 가치와 중요성을 보여주는 행위입니다. 혁신 리더는 한 사람만을 상대하는 것이 아닙니다. 눈을 마주치면, 상대방에게 집중할 수 있습니다. 그렇게 하면 머릿속의 모든 생각이 상대방을 향합니다. 온갖 소음과 씨름하지 않고 혁신 리더의 필요로 몰입해서 진정으로 참석자의 숨겨진 이야기를 들을 수 있습니다."

류 소장의 마무리 설명을 혁신 리더들은 인정한다는 듯 중간마다 고개를 끄덕이면서 집중해서 들었다. 마치 뛰어난 경청가가 된 듯한 모습이었다.

3. 세션 7: 잘 키운 변화과제 하나가 회사를 살린다

"여러분, 식사 맛있게 하셨지요? 이번 워크숍의 마지막 세션이면서 가장 중요한 시간이 왔습니다. 바로 실행과제를 수립하고 실행계획까지 작성하는 시간입니다." 황 과장은 와이셔츠 소매를 접으면서 강의장 한가운데 섰다.

마치 전장에 나서는 장수의 모습을 연상시켰다. 그만큼 중요한 시간임을 보여주는 장면이었다. "제1단계로 여러분이 각 사업부에서 논의해서 가져온 실행과제 초안을 바탕으로 워크숍에서 제2단계로 구체화 작업을 하겠습니다. 그리고 제3단계로 사업부장 최종 확정 후 과제 실행 단계를 갖겠습니다."

1) 수행 과제 선정의 성공 포인트

표 19. 과제 선정 단계

단계	내용
제1단계	해당 사업부 초안 – 과제 선정 기준(과제 추진 계획서) 제시 – 현업 의견(약식 설문 조사, 인터뷰 등) – 과제 선정 논의 – 초안 준비
제2단계	워크숍에서 구체화 – 수정 보완 – 실행계획서 작성 및 확정
제3단계	해당 사업부장 최종 확인 후 확정(사무국) – CEO 보고, 승인

실행과제 초안은 해당 사업부의 전략, 사업 특성, 주요 사업 이슈 등을 고려하여 사업부장을 포함한 이해관계자와의 논의를 통해 작성되었다. 작성된 과제 초안은 사무국에 제출하여 확인받았으며, 이번 워크숍에서 실행과제를 구체화시키고 명확화시키는 작업을 진행하는 세션을 마련했다. 사업부에서 초안 작성 시 참고했던 과제 선정 기준을 다시 한번 공유했다.

표 20. 과제 선정 기준

Dos (바람직한 선정 기준)	– 회사 비전 달성과 연계된 과제 – 사업부의 전략과제와 직결되는 과제 – 현장 활동이 필요한 과제 – 혁신 활동 기간 내에 성과 도출이 가능한 과제 – 해결을 위해 다양한 관점의 접근이 필요한 과제 – 기존 생각과 다른 새로운 아이디어가 있어야 하는 과제 – 역량 강화에 도움이 되는 과제 – 별도의 자원과 조직이 필요 없는 과제
Don'ts (피해야 할 선정 기준)	– 기간 내 해결이 불가능한 과제 – 과도한 전문지식이 요구되는 과제 – 너무 단순한 과제 – 복잡한 이해관계로 접근이 힘든 과제 – 환경 변화에 접근 방식이 쉽게 변화해야 하는 과제 – 보이기 위한 과제

과제 선정 시 단계별 체크 사항

Q1. 어떤 문제를 해결하는 것인가?

Q2. 이 문제는 어떻게 조사될 수 있는가?

Q3. 문제의 원인이 어떻게 파악될 수 있는가?

Q3. 문제 해결에 도움이 될 만한 해결방안이 있는가?

Q4. 해결방안이 증상을 해결하는 것인가? 문제의 원인을 해결하는 것인가?

Q5. 해결방안을 현장에 적용할 수 있는가?

Q6. 해결방안을 통해서 실질적이고 측정할 수 있는 성과 창출이 가능한가?

Q7. 지금까지의 경험을 토대로 어떻게 보다 효과적인 해결방안을 마련하고 실행할 것인가?

2) 과제 선정: 성공으로 이끄는 비결

혁신 과제 추진 계획서 작성 절차

팀별로 과제를 구체화하는 장표인 혁신 과제 추진 계획서(참고 표 21)를 작성하는 시간을 가졌다. 가져온 사업부의 경영 환경, 전략, 주요 이슈와 관련된 참고 자료를 공유하며 팀 내에서 논의하며 과제 추진 계획서를 하나씩 채워 나 갔다. 그리고 자유 양식으로 추가 자료(참고 표 22)를 활용할 수 있다.

표 21. 혁신 과제 추진 계획서

1. 혁신 리더 팀명			2. 챔피언명	
3. 혁신 과제명				
4. 과제 선정 배경 및 목표	과제 선정 배경		과제 목표	
5. 활동 기간	20xx. . ~ 20xx. .			
6. 활동 계획	1.			
	2.			
	3.			
7. 활동 점검 및 공유				
8. 과제 해결 시 기대효과	정성적		정량적	

1. 혁신 리더 팀 이름을 적는다.

   (워크숍 첫날 팀 빌딩 세션에서 정해진 팀 이름)

2. 챔피언은 혁신 과제에 대한 최종 의사결정자로 사업부장을 명시한다.

3. 혁신 과제명을 적는다.

4. 과제 선정의 배경과 과제 목표를 적는다.

5. 활동 기간을 적는다.

6. 활동 계획을 3단계로 나누어서 작성한다.

7. 활동 점검 및 공유를 위한 채널 및 방법을 적는다.

8. 혁신 과제 해결 시 기대 효과를 정성적 효과와 정량적 효과로 나누어서 작 성한다.

표 22. 혁신 과제 추진 계획서 (보완용/자유 양식)

혁신 과제명		
과제 선정 배경	현황 분석	(고객, 시장 분석) (경쟁사 분석) (자사 분석) (외부 환경 분석)
	문제 정의	
	이해관계자의 요구	추진과제와 관련된 후원자의 지시사항도 계획에 포함해 그 추진 실적을 기록 바랍니다.
과제 학습자료	국내외사례	
	선행 연구자료	
	관련 법령	

표 23. 혁신 과제 추진 계획서 (예시)

1. 혁신 리더 팀명		2. 챔피언 명	
3. 과제명	A 제품 전략적 컬래버레이션		
4. 과제 선정 배경 및 목표	과제 선정 배경		과제 목표
	− A 제품 매출 증대 및 회사의 이미 지 강화를 위한 전략적 컬래버레 이션 −올해 사업부 매출 목표달성에 기여		− 성공적인 전략적 컬래버레이션 운영 − 사업부 올해 매출 목표달성
5. 활동 기간	20xx. 3.1~ 6.29		
6. 활동 계획	1) 컬래버레이션 마케팅 전략 수립 및 분석 (3월~4월) 2) 컬래버레이션 대상 기업(브랜드) 탐색 (3월~4월) 3) 브랜드 융합 작업 및 프로토타입 개발 (4월~5월) 4) 시장 조사 및 출시 (6월)		
7. 활동 점검 및 공유 채널	− 월별 정기 보고 채널 확보 (사업부장) − 월별 중간 점검 시 공유		
8. 과제 해결 시 기대효과	정성적		정량적
	− A 제품 매출 증대 − 당사 제품 만족도 향상		− 매출 20% 향상 − 만족도 100 향상

3) 과제 추진 계획서 작성

　팀별로 과제 추진 계획서를 작성하느라 세미나장은 한마디로 시골 장터를 방불케 할 정도로 소란스러웠다. 류 소장은 팀별로 다니면서 필요한 부분을 코칭하고 피드백했다. 어디선가 류 소장을 찾는 소리가 들려왔다. "소장님, 정성적 기대효과와 정량적 기대효과에 관해서 설명을 부탁드립니다. 작성이 어렵습니다." 인사팀의 이인재 과장이 일어나서 류 소장을 쳐다보며 질문을 했다. 다른 혁신 리더들도 궁금했다는 표정이었다.

　류 소장은 정성적, 정량적 기대효과에 대해서 추가로 설명했다.

　"정량적 효과란 수치로 구체적인 효과를 표현할 수 있는 것을 말합니다.

　숫자나 금액으로 환산할 수 있는 효과, 경제적인 기대효과, 경영진이 관심을 두고 있는 부분 등입니다. 예를 들어 매출액, 영업 이익률, 고객 만족도, 불량률 개선, 원가 절감률 개선 등이 있습니다. 정성적인 효과는 숫자나 금액으로 환산할 수 없는 효과 또는 구성원들이 느끼는 심리적 효과를 말합니다.

　예를 들어, 회사 뉴 비전을 위한 방향성과 전략적 목표 달성, 변화에 대한 지속성 유지, 조직과 조직원 간 소통 활성화, 임직원의 변화와 혁신적인 마인드 제고, 임직원의 동기부여 제공, 조직의 정보 공유 및 임직원의 학습 조직의 가속화, 부서 간 협업 토대 마련, 품질 불량 감소와 원가 절감 등을 통한 경쟁력 확보 등입니다. 각 팀의 과제가 달성되었을 때 어떤 효과 또는 모습을 기대하는지 팀원과 논의하시기 바랍니다." 이어서 류 소장은 과제 구체화를 위해서 SMART 방법론을 설명했다. "과제의 목표를 정의하고 실천하는 기준으로 참고하시기 바랍니다.

① 목표 정의가 구체적이고 명확해야 합니다. (Specific)

　과제가 성공하기 위해서는 무엇보다도 목표가 명확해야 합니다. 목표가 명확하다는 것은 회사 이해관계자의 요구 사항을 정확하게 정의하는 것에서부터 출발합니다. 그리고 상위 목표뿐 아니라 세부 목표도 추상적이고 모호하면 목표 달성을 위해 무엇을 해야 하는지를 알 수 없어 계획 추진 체제 자체를 제대로 운영할 수 없습니다. 예를 들어 단순히 '신제품을 개발한다'가 아니라 구체적으로 'OO기능이 50% 향상된 신제품을 개발한다'로 해야 합니다.

② 측정할 수 있는 관리 기준을 수립해야 합니다. (Measurable)

과제 실행계획이 구체적인 수치로 정량화되지 않으면, 관리를 할 수 없습니다. 그리고 수시로 측정할 수 있어야 합니다. 측정할 수 있는 과제를 수립하기 위해서 수행 과제는 어떻게 세분화해야 하고, 진행률은 어떻게 측정할 것인지 계획 단계에서부터 고려해야 합니다. 계획 대비 실적의 차이는 얼마나 되는지, 과제의 범위, 일정, 예산은 어떠한지 측정할 수 있어야 합니다. 과제의 착수 단계부터 완료 단계까지 모든 실행을 측정할 수 있게 계획해야 합니다. 예를 들어 단순히 '시장 점유율 확대'가 아니라 '분기당 매출을 10%씩 증가시켜서 시장 점유율을 확대하겠다'로 해야 합니다.

③ 행동 지향이어야 합니다. (Action-Oriented)

과제의 수행도를 높이기 위한 최소한의 기본 지침은 과제의 계획이 행동 지향성이 있어야 합니다. 예를 들어 단순히 '회의 시간을 줄인다.'가 아니라 '올해 중으로 모든 회의를 스탠딩 미팅 방식으로 전환하여 회의 시간을 50% 이상 단축한다'로 해야 합니다.

④ 상황이 현실적이고 타당해야 합니다. (Realistic)

혁신 리더의 능력, 활용할 수 있는 자원, 일정 등을 고려할 때 현실적이어야 합니다. 세부 목표는 충분히 달성될 수 있도록 합리적이어야 합니다. 현재의 기술과 역량으로서는 해결할 수 없는 문제를 해결하겠다고 설정하거나 기술적으로는 가능하나 경제적으로 불가능한 경우 등은 합리적이라 할 수 없습니다.

⑤ 과제 수행은 분명한 기간을 가져야 합니다. (Time-bound)

혁신 리더에게 가장 중요한 사고는 시간 개념입니다. 모든 수행 활동은 기간과 작업량을 가집니다. 그뿐만 아니라 과제의 모든 관리 기준 구성 요소들은 시간 요소를 갖습니다. 목표 달성에 걸리는 시간, 기간이 고려되어야 합니다. 언제까지 세부 목표를 달성할 것인지가 명확하게 설정되어야 합니다. 달성 기간이 없는 세부 목표는 실천될 수 없습니다."

설명을 들은 혁신 리더들은 다시 기술서 작성에 들어갔다.

황 과장이 과제 추진 계획서 작성 및 발표도 평가에 들어간다고 다시 한번 언급해서인지 진지하게 사전에 나눠준 과제 평가 기준표를 참고해서 최종 검토하는 팀도 있고, 추가적인 자료를 확인하기 위해서 사무실에 전화를 거는 팀도 있었다.

4) 과제 평가는 어떻게?

표 24. 과제 평가 기준

평가 항목		정의 (Checklist)
과제 유형	과제 적절성	전사 및 사업부의 이슈 및 전략 등이 과제로 발굴되었는가? → 발굴 과제가 조직의 성과(변화, 개선) 항목으로 적정한가?
과제 범위	통제 가능성	과제를 소속 사업부에 적용함과 동시에 관리할 수 있는가? → 과제 실행이 되었을 때, 그 과정과 결과가 관리 가능한가?
	실행 가능성	과제가 실행할 수 있는 수준으로 내용이 구체적인가? → 혁신 리더가 직무, 조직관리, 리더십 개발 등 실행할 수 있는 과제인가?
과제 수행	수행 방법	과제 수행 방법 등이 적절한가? → 과제 목적을 달성하기 위한 실천 방법들이 적절히 제시되었는가?
	일정 준수	과제 수행을 위해 일정 관리가 제대로 제시되었는가? → 활동 기간 내에 완료될 수 있는 과제인가?

팀 활동이 마무리되고 휴식 시간을 가질 즈음해서 나 팀장과 인사조직개발 담당 천 상무가 강의장 뒤로 들어왔다. 천 상무는 호탕한 성격으로 혁신 리더들과 격의 없이 인사를 나누었다.

"여러분, 잘 지내고 계시지요? 이따 여러분 작품을 감상하겠습니다. 기대됩니다. 하하."

류 소장에게 다가온 천 상무는 커다란 손을 내밀어 악수를 청하며 "류 소장님, 3일 동안 수고 많으셨습니다. 혁신 리더들의 눈빛이 달라진 것 같습니다. 대표님을 포함해서 경영진의 기대가 큽니다. 좋은 결과가 있기를 바랍니다."

천 상무, 나 팀장, 황 과장이 강의장 뒷자리에 앉아서 평가하고 류 소장은 앞자리에서 진행하면서 발표 후 평가와 피드백을 하기로 했다.

팀별로 팀장이 발표하는 것으로 자연스럽게 원칙이 정해졌다. 모든 팀이 발표하는 팀장의 긴장감을 덜어 주고, 팀워크를 다지는 의미에서 첫날 만든 팀 구호를 함께 외치고 발표를 시작했다. 천 상무와 나 팀장이 주로 질문과 피드백을 했다. 류 소장은 그들의 언급에서 빠진 부분만 간단하게 피드백했다. 전체 평가와 피드백을 마치고 천 상무가 간단한 치하의 인사말을 했다.

"여러분, 마이크로소프트의 빌 게이츠가 '나는 힘이 센 강자도 아니고, 그렇다고 두뇌가 뛰어난 천재도 아닙니다. 그저 날마다 새롭게 변했을 뿐입니다. 이것이 나의 성공 비결입니다. 변화^{Change}의 g를 c로 바꾸어 보십시오. 그러면 기회^{Chance}가 되지 않습니까. 변화 속에는 반드시 기회가 숨어있습니다.'라고 했습니다. 우리 조직에서 'G'를 찾아서 'C'로 바꾸는 여러분이 되시길 바라며, 저 또한 찾아서 바꾸도록 하겠습니다. 감사합니다. 3일 동안 수고 많으셨습니다."

제3부

혁신 리더 활동
그리고 혁신 리더 페스티벌

제1장

혁신 리더 활동의
한계를 돌파하라

워크숍이 끝나고 혁신 리더들은 현업으로 돌아가서 각자 최종 과제와 과제 추진 계획서를 챔피언인 사업부장에게 보고했다. 사업부 상황을 고려해서 일정 및 세부 내용을 일부 보완했다. 팀장은 혁신 리더의 현업 업무를 기존 팀 구성원들과 조정해 주어 과제 활동에 지장이 없게 해주었다. 혁신 리더들은 각자 해당 이해관계자와 미팅을 통해서 과제 실행에 대한 설명과 지원을 요청했다. 적극적인 혁신 리더 팀은 해당 사업부 내 SME$^{Subject\ Matter\ Expert}$(내용 전문가)들과 FGI$^{Focus\ Group\ Interview}$(표적 집단 면접 조사)를 개최해서 초기부터 완벽하게 과제 실행을 준비했다.

1. 지속적인 팔로우 업$^{Follow\ up}$이 성공의 지름길이다

1) 혁신 리더 활동이 성과로 연결되지 못하는 이유

많은 조직의 변화과제 활동이 실패하는 중요한 이유 중의 하나가 바로 지속적인 팔로우 업$^{Follow\ up}$이 없거나 소홀히 다뤘기 때문이다. 학창 시절을 생각해 보면 숙제 검사를 철저히 하는 선생님과 그렇지 않은 선생님이 기억이 날 것이다. 숙제 검사를 해서 상벌이 있으면 숙제를 철저히 해 가지만, 검사를 하지 않는다는 사실을 알면 숙제하지 않거나 대충 해 간 기억이 있을 것이다. 우리 조직에서의 혁신 활동도 마찬가지다.

따라서 혁신이 지속해서 성과를 내려면 지속적인 팔로우 업Follow up이 필요하다. 팔로우 업Follow up은 중간 점검Monitoring과 결과 평가로 나눌 수 있다. 중간 점검Monitoring은 변화 실행과제 선정 후 혁신 리더 팀원과 실행 내용을 공유하고, 과제의 진행 상황을 주기적으로 점검하는 단계를 말한다. 즉, 실행계획의 진행 상황을 지속해서 확인하여, 장애 요소Bottleneck를 해결할 수 있도록 지원하고 지속해서 실행 의지를 유지하기 위해서 준비한다.

2) 중간 점검Monitoring을 준비하라

중간 점검Monitoring은 9개월간 변화과제 실행 기간 중 총 4회, 2개월에 한 번 하는 것으로 원칙을 정한다. 그리고 마지막 1개월은 최종 점검 시간으로 할애한다. 중간 점검Monitoring의 프로세스는 먼저 추진 진행 상황을 점검하고 공유한다. 계획 대비 실행의 진행 정도를 점검한다. 그리고 과제 추진 계획서 작성 이후 변경된 것이 있는지 확인한다. 이어서 미완료 항목은 무엇인지, 원인이 무엇인지 대책은 있는지 확인한다. 마지막으로 추진 시 애로 사항을 파악하고 추가 지원요청 사항이 있는지를 확인한다. (표 25 중간 점검 양식 참조)

표 25. 중간 점검 양식

1. 혁신 리더 팀명		2. 챔피언명	
3. 혁신 과제명			
4. 활동 기간	( )단계: 20xx. . ~ 20xx. .		
	계획		실행
5. 활동 내용	- - -		

6. 변경 사항 및 대체 방안		
7. 미완료 항목		**미완료 항목 대책**
8. 활동 시 애로 사항		**9. 지원요청 사항**

1. 혁신 리더 팀 이름을 적는다.

   (워크숍 첫날 팀 빌딩 세션에서 정해진 팀 이름)

2. 챔피언은 혁신 과제에 대한 최종 의사결정자로 사업부장을 적는다.

3. 혁신 리더 활동 과제명을 적는다.

4. 활동 단계별 일정을 적는다. (총 4단계 진행)

5. 활동 내용을 계획 대비 실적으로 추진한 수행 내용을 적는다.

6. 당초 계획 대비 과제 수행 시 변경된 내용은 무엇인지, 어떻게 대처할 것인
   지를 적는다.

7. 계획 대비 완료가 되지 않은 항목은 무엇인지 이유는 무엇인지, 그리고 어떻
   게 극복할 것인지 확인한다.

8. 활동 시 예상하지 못한 애로 사항 및 장애 요인은 무엇인지 확인한다.

9. 성공적인 과제 수행을 위해서 해당 부문장 또는 사무국에 요청할 내용을 적
   는다.

3) 중간 점검^{Monitoring} 코칭 및 피드백

류 소장은 A사 본사에서 약간 떨어진 모임 공간에 도착했다. 본사에도 훌륭
한 시설의 세미나실이 있지만 효과적인 중간 점검 활동을 위해서 류 소장이 건

의해서 외부 시설을 임대했다. 회사에서 진행하게 되면 여러 가지 방해 요인이 발생하기 때문에 집중할 수가 없기 때문이다. 류 소장이 일찍 도착해서 준비사항을 체크하는 사이 황 과장이 헐레벌떡 도착했다.

"오늘은 소장님보다 일찍 온다고 왔는데… '혹시가 역시'가 되었습니다. 하하."

털털하게 웃는 황 과장과 악수하고 함께 마무리 체크를 마쳤다. 그사이 혁신 리더들이 한두 명씩 도착하기 시작했다. 류 소장과 황 과장은 반갑게 그들을 맞았다.

"여러분, 잘 계셨지요? 어떠셨습니까? 혁신 리더 활동 전과 지금은 무엇이 달라지고 있습니까?"

류 소장의 질문에 항상 씩씩한 홍보팀의 고주파 과장이 대답했다.

"신분이 상승한 것 같습니다."

황 과장이 무슨 소리인가 궁금한 듯 쳐다보았고, 류 소장은 무슨 의미인지 아는 듯 미소를 띠었다.

"네, 실제 승진한 것은 아니지만, 사업부장님이 자주 부르시고, 팀장님도 계속 관심을 보여주시고, 과제와 관련된 타 부서장님들과도 자주 만나다 보니 제가 중요한 인물이 된 듯합니다. 더불어 잘해야겠다는 부담감도 비례해서 더 높아지고 있습니다."

고 과장의 열정 어린 말에 참석한 다른 혁신 리더들도 공감한다는 표정이었다.

"네, 맞습니다. 고 과장께서 정확하게 현재 상황을 잘 표현해 주셨습니다. CEO를 포함해서 많은 분이 여러분의 혁신 리더 활동을 지켜보고 있습니다. 그만큼 책임감과 부담감은 커지겠지만, 이번 활동이 조직에 기여하는 것뿐만 아니라 여러분의 역량도 그만큼 키울 좋은 기회입니다."

류 소장이 분위기를 살려서 격려를 해주었다. 자연스럽게 인사를 나누자 황 과장이 모니터링(중간 점검) 프로세스를 설명했다.

"오전에는 사전에 작성해온 모니터링(중간 점검) 장표를 중심으로 혁신 리더 팀 순서에 따라서 발표하고 팀 간 '동료 코칭 및 피드백'Peer Coaching & feedback을 하고 류 소장님 코칭과 피드백을 받겠습니다. 그리고 오후에는 피드백 받은 내용을 반영해서 제2단계 실행계획을 수정하는 시간을 갖겠습니다. 자~ 1팀부터 발표를 시작하겠습니다."

황 과장의 진행으로 1팀부터 발표를 시작했다.

몇 개 팀을 제외하고는 대부분 혁신 리더 팀이 계획 대비 실행이 잘 이뤄진 듯했다. 미완료되거나 변경 사항이 있는 혁신 리더 팀은 나름대로 대안을 발표했다. 류 소장은 발표를 들으면서 혁신 리더들이 미처 생각하지 못한 부분을 체크하면서 질문을 했다.

"짧은 기간에 정말 많은 활동을 하셨습니다. 2팀의 경우, 한 가지 제안하겠습니다. 과제 해결을 위해서 벤치마킹을 가셨다고 했는데 그 회사가 동종 업종이기 때문에 구체적인 내용을 파악하기 어려웠다고 하셨습니다. 그런데 꼭 동종 업종을 벤치마킹할 필요가 있을까요, 동종 업종이기 때문에 오히려 공개를 많이 하지 않은 듯합니다. 오히려 도움이 되는 다른 업종을 벤치마킹해서 자세한 설명을 듣고 과제를 해결하기 위한 아이디어를 얻는 것이 좋지 않을까요? 그리고 3팀의 경우, 거리 인터뷰를 서울 강남 지역에서만 한 것으로 되어 있는데, 힘드시겠지만 강북 지역과 수도권 지역으로 확대해서 표본 범위를 넓히시고, 가능하면 지사 직원에게 부탁해서 지역별 의견도 취합해서 데이터화하는 것이 좋겠습니다. 그리고…" 류 소장은 팀별로 필요 부분을 피드백하느라 정신이 없었다.

지원요청 사항에 대해서는 늦게 도착한 나 팀장이 담당했다.

"CEO께서 전폭적인 지원을 하라고 다시 한번 지시하셨습니다. 사무국에서 공통으로 지원할 것, 챔피언인 해당 사업부장이 지원할 것으로 구분해서 지원하도록 하겠습니다. 그리고 혁신 리더 필요 역량인 '3C of 혁신 리더' 교육에 관한 안내는 준비되는 대로 알려드리도록 하겠습니다." 나 팀장의 지원 발언이 끝나자 황 과장은 "지금부터는 피드백 받은 내용을 바탕으로 수정 보완하는 시간을 바로 갖겠습니다. 진행하실 때 류 소장님과 나 팀장님 그리고 제가 도와드릴 것이니 필요한 팀은 요청하시면 되겠습니다."

팀별로 피드백 받은 제1단계 내용을 반영해서 제2단계 실행계획을 수정 보완했다. 실행 과정과 관련한 코칭이 필요한 팀들은 류 소장에게 조언을 요청했고, 지원 관련해서는 황 팀장을 불러 상의했다. 다른 팀의 발표 내용을 보고 자극받아서인지 열띤 토의가 이어졌다.

어느덧 마무리할 시간이 되자 황 과장은 다음 중간 점검^{Monitoring}모임에 관해서 설명했다.

계획대로 실행된 내용에 대한 중간 점검^{Monitoring} 모임이 2차 그리고 4차까지 진행되면서 가시적인 실적이 나오기 시작했다.

혁신 리더 활동이 진행되는 동안 사업부별 챔피언을 맡은 사업부장도 바쁘긴 마찬가지였다. 2주마다 열리는 임원 회의에서 CEO가 제일 먼저 챙기는 사안이 혁신 리더 활동에 관한 내용이었기 때문이다. CEO인 김바로 대표는 어느 조찬 CEO 세미나에서 들은 일명 '폭포수 리더십^{Cascading Leadership}'의 신봉자였다. 최고 경영자(Top)의 혁신에 대한 사상, 철학, 신념을 임원이 그대로 받아들이고 이를 다시 혁신 리더(또는 팀장)에게 전파해서 결국 전 구성원이 최고 경영자와 같은 마음으로 혁신을 추진하게 된다는 것이다. 폭포수처럼 위에서 아래로 힘차게 물이 흘러내린다는 의미가 내포되어 있다. 그러기 위해서는 CEO인 본인뿐만 아니라 임원들도 혁신 리더의 일원이 되어야 한다는 것이 김 대표의 생각이다.

표 26. 추진 결과 보고 양식

1. 혁신 리더 팀명			2. 챔피언명	
3. 혁신 과제명				
4. 과제 선정 배경 및 목표	과제 선정 배경		과제 목표	
5. 활동 기간	20xx. . ~ 20xx. .			
	계획		추진 실적	
6. 추진 경과 내용	1.			
	2.			
	3.			
7. 기대 효과분석	(정성적)			
	(정량적)			
8. 성찰 및 향후 계획	성찰: 학습한 내용, 반성			
	향후 계획: 전략 반영 및 조직 내 협조 사항 등 관리 및 정착과 관련된 제안			

1. 혁신 리더 팀 이름을 적는다.

  (워크숍 첫날 팀 빌딩 세션에서 정해진 팀 이름)

2. 챔피언은 혁신 과제에 대한 최종 의사결정자로 사업부장을 명시한다.

3. 혁신 과제명을 적는다.

4. 과제 선정의 배경과 과제 목표를 적는다.

5. 총 활동 기간을 적는다.

6. 추진 경과 내용은 계획 대비 추진 실적으로 작성한다.

7. 혁신 과제 해결에 대한 기대 효과를 정성적 효과와 정량적 효과로 나누어서 작성한다.

8. 성찰에는 활동을 하면서 학습한 내용과 아쉬운 점을 간략하게 기록한다. 향후 계획에는 향후 회사 전략에 반영하고, 지속적인 정착을 위한 제안 내용을 기재한다.

2. 평가, 단순해야 성공한다

1) 평가를 학습으로 활용하라

9개월간의 변화과제 활동과 총 4회에 걸친 모니터링(중간 점검) 모임을 끝내고 최종 점검을 겸해서 평가에 대한 설명 모임을 가졌다. 나 팀장은 인사말에서 "여러분의 노고에 다시 한번 감사의 말씀을 드립니다. 이번에는 모든 팀이 다 참석해 주셨습니다. 네 번의 모니터링(중간 점검) 모임에 한 번도 빠지지 않고 참석한 팀이 확실히 과제 실행의 질(質) 측면에서 차이가 있는 것 같습니다. 타 팀의 실행 내용의 공유를 통한 학습효과와 코칭을 통한 개선 노력의 결과입니다."

나 팀장은 성실하고 적극적인 팀과 그렇지 않은 팀에 대한 구분을 확실히 하고 싶어 작정하고 말했다.

"오늘 마지막 최종 점검 모임에서 마무리를 다 한다고 생각하십시오. 또한, 최종 결과에 대한 평가 지침도 말씀드리겠습니다. 고생하셨는데 이왕이면 좋은 평가로 인정받으면 좋겠지요? 구체적인 평가 지침은 황 과장이 구체적으로 설명할 것입니다."

마이크를 전해 받은 황 과장이 평가에 관해서 설명하기 시작했다.

"여러분의 노고만으로 좋은 결과가 나온다고 생각하지 않습니다. 구성원의 적극적인 협조와 과제 챔피언인 사업부장의 지원이 있었기에 가능합니다. 따라서 결과에 대한 평가는 혁신 리더 팀뿐 아니라 여러분을 도와주신 분에 대한 땀도 포함되어 있습니다. 그러므로 마무리를 잘해서 좋은 결과로 보답하면 좋겠습니다."라며 운을 띄우면서 평가에 대한 설명을 이어갔다.

"1차 실무 평가는 종합 평가 일주일 전에 사업부별로 선발된 오피니언 리더가 참여해서 사무국 주관으로 시행합니다. 1차 평가의 대상은 활동 보고서를 중심으로 '과제 선정 보고서, 월간 활동 보고서, 최종 결과 보고서'를 평가합니다. 평가는 '변화과제 인지도(25%), 진행 현황 및 자료 제출 성실도(25%), 성과의 명확성 및 활동의 충실도(25%), 전파 가능성 및 팀원 참여도(25%)' 등 총 4개의 항목을 평가 척도로 정했습니다."

황 과장이 설명할 때 김진실 대리는 평가표가 인쇄된 장표를 팀별로 나눠주었다.

표 27. 실무자(오피니언 리더) 평가

평가 항목	내용
변화과제 인지도 (25)	– 과제의 적합성, 소속 직원의 공유 – 팀원들의 변화과제 인지도
진행 현황, 자료 제출 성실도 (25)	– 활동 보고서, 우수 사례 공유 – 실행 내용, 직원 참여도
성과의 명확성, 활동의 충실도 (25)	– 진행 현황/ 결과의 충실도 – 실행 방법과 성과의 명확성
전파 가능성, 팀원 참여도 (25)	– 팀원들의 활동 참여도 – 전사 전파 가능성

제2장

종합 발표 및
혁신 리더 페스티벌^{Festival}

1. 구성원을 평가에 참여시켜라

평가는 총 2차로 1차는 실무 평가, 2차는 종합 평가로 혁신 페스티벌에서 임원으로 구성된 평가 위원이 평가하는 것으로 정했다.

1차 실무 평가는 종합 평가 일주일 전에 사업부별 사원부터 부장급으로 다양한 직급에서 선발된 오피니언 리더 20명이 참여해서 사무국 주관으로 별도의 회의실에서 실시했다. 상징적으로 수능 출제위원들이 합숙하면서 외부 통제하듯이 스마트폰도 수거해서 외부와 소통도 금했다. 1차 평가에서는 활동 보고서를 중심으로 '과제 선정 보고서, 월간 활동 보고서, 최종 결과 보고서'를 평가했다. 평가는 '변화과제 인지도(25%), 진행 현황 및 자료 제출 성실도(25%), 성과의 명확성 및 활동의 충실도(25%), 전파 가능성 및 팀원 참여도(25%)' 4개 항목으로 측정했다.

2. 축제의 장(場)을 즐겨라

1) 혁신 리더 페스티벌^{Festival} 실시

혁신 리더 변화 활동 페스티벌은 한 해 동안의 혁신 리더 변화 활동 사례를 발표하고 공유함으로써 창의적 도전 정신을 함양하고 혁신 문화 조성을 위한 소통의 장이다. 하루 종일 이뤄지는 페스티벌은 오전은 회사 로비에 공간을 마련해서 변화 활동 프로세스 중심으로 정리한 사례를 보드에 부착하고 결과물을 전시해서 직원들이 오다가다 볼 수 있도록 전시했다. 의외로 직원들의 관심이 많았다. 옆에 비치한 칭찬 보드에는 혁신 리더 활동을 격려하고 노고에 위로하고, 치하하는 '우리 회사의 비밀 병기 혁신 리더 여러분, 수고 많으셨습니다.' '계속 지켜보겠습니다.' '000 사업부 혁신 리더 파이팅.' '혁신 리더 여러분이 있기에 우리 회사의 미래가 밝습니다.' 등의 문구들이 적혀있었고 어느 보드에는 초콜릿과 한 송이 장미를 걸어놓은 곳도 있었다.

오후에는 혁신 리더 활동에 대해서 발표하고 이를 평가해서 시상하는 장(場)이 마련되었다. 발표장인 소강당은 한 시간 전부터 조직개발팀 직원들이 황 과장의 지시하에 일사불란하게 움직이며 준비하고 있었다. 뒷면에는 '뉴 비전 달성을 위한 혁신 리더 변화과제 발표'라고 적힌 현수막이 걸려있었고, 앞자리에는 평가 위원 자리가 마련되어 있었다. 입구에는 세련된 안내용 입간판이 세워져 있었다.

참석자는 관리자 이상 리더들로 편성했으나, CEO의 지시로 이번에 입사해서 교육 중인 신입사원 30명도 회사 이해 차원에서 참석시켰다.

혁신 리더들은 어제 오후에 리허설을 했음에도 다들 일찍 참석해서 자리를 지켰다. 조직개발팀 팀원 한 명은 입구에서 안내용 팸플릿을 나눠 주었다. 팸플릿 안에는 혁신 리더 활동 개요 그리고 변화 활동 진행 경과에 관해서 설명이 들어 있었다. 흥미로운 것은 팸플릿 아래 귀퉁이에 기념품 추첨 쿠폰이 있어서 이것을 찢어 수집함에 넣고 입장하게 했다. 발표 후에 추첨해서 상품을 증정한다는 것이다. 끝까지 참석하게 하는 유인책이면서 약간의 축제 형식인데 좋은 아이디어로 보였다. 인사팀에서 혁신 리더로 참석 중인 이인재 과장의 제안을 받아들인 것이다. 시간이 되자 웅성웅성하면서 참석자들이 들어오기 시작했다. 기념품 추첨이 있다는 사실은 안 참석자들의 표정이 다소 밝아졌다.

CEO와 평가 위원인 사업부장들이 들어와서 자리에 앉으면서 발표 대회가 시작되었다. 혁신 리더 사무국장인 나 팀장이 경과보고를 했다. 경과보고가 끝나는 시점에서 혁신 리더 활동을 스케치한 영상이 상영되었다. 혁신 리더 임명식, 혁신 리더 워크숍, 혁신 리더 멤버들의 활동 및 중간 점검^{Monitoring} 미팅 등 혁신 리더 변화 활동 전반이 재미있게 편집이 되어 있었다. CEO를 포함한 참석자들은 짧은 시간에 혁신 리더 활동의 전반을 알 수 있었다.

영상 시청 후 팀별로 최종 발표 시간을 가졌다. 평가 위원 자리에는 평가표가 놓여 있었다. 평가 지침에 대해서는 나 팀장이 지난주 경영 회의에서 안내해서 평가 요령은 이미 공유된 상태였다. 종합 평가(50%)는 1차 실무 평가(50%)를 참고해서 평가하도록 준비되었다.

종합 평가에서는 최우수 1개 팀, 우수 2개 팀, 이노베이션 상 2개 팀을 선발하는 것으로 되어 있다. 포상으로는 최우수 팀 경우 1호봉 승급과 해외 우수 기업 벤치마킹 기회를 주고, 우수 팀 경우는 1호봉 승급과 소정의 격려금이 지급된다. 이노베이션 상은 소정의 격려금이 준비되었다. 우수 사례는 그룹 방송과 사보 등의 매체를 활용해서 전사에 공유할 예정이다.

표 28. 평가서

팀명				추진 기간		
추진과제						

평가 요소	배점	A	B	C	점수	고려 사항
목표 달성도 (효과성)	25	25	20	15		– 정량적, 정성적 효과 – 성과의 명확성
일정 관리 (기간 준수)	25	25	20	15		– 일정 대비 과제 진척도 – 실행 내용, 구성원 참여도
문제 해결 정도 (수행 노력도)	25	25	20	15		– 문제 해결 노력(방법 활용 등)
현업 적용성 (실행 가능성)	25	25	20	15		– 조직 적용 가능성 – 전사 전파 효과성
총점	100					

2) 평가가 아닌 축제의 장(場)

발표를 맡은 각 혁신 리더 팀 리더들은 경영진 앞에서 발표하고 임직원의 관심을 한 몸에 받는 것에 대해 부담도 되지만 즐기려는 모습이 보기 좋았다.

1팀부터 발표를 시작했다. 팀원 전원이 단상으로 올라왔고 팀 리더의 선창으로 구호를 외쳤다. 구호는 그동안의 단합된 힘을 보여주는 의미도 있지만 발표 전 팀 리더의 긴장감을 풀어주는 의미가 포함되어 있었다. 씩씩한 구호가 끝나고 전체 인사를 하자 격려의 큰 박수가 쏟아졌다. 소속 사업부에서 온 직원들은 "화이팅"이라고 외치며 응원도 해주었다. 요즘 유행인 오디션 경연대회에 온 듯한 착각을 주었다.

발표 장표는 5장 이내로 준비했으며, 15분 발표에 15분 질의응답 시간을 가졌다. 1팀 리더는 자신에 찬 목소리로 '추진 배경 -〉 문제 인식 -〉 개선과제 도출 및 실행 -〉 성과 도출' 순으로 발표했다. 발표를 마침과 동시에 팀원들이 결과로 나온 실물을 참고용으로 평가 위원에게 나눠주었다. 결과물을 살펴보면서 평가 위원들이 돌아가면서 질문을 했다. 날카로운 질문에 팀 리더가 어느 부분에서는 자신 있게, 어느 부분에서는 쩔쩔매면서 답변했다. 그러나 전체적으로 만족해하는 분위기로 발표가 끝났다. 다음 2팀부터 10팀까지 같은 순서로 발표하고 질의응답 시간을 가졌다. 어느 팀은 결과물을 사전에 강단 앞에 전시해 놓고 발표하는 팀도 있었고, 영상을 통해서 어필하는 팀도 있었다. 발표가 끝날 때마다 우레와 같은 격려의 박수가 쏟아져 나왔다.

잠시 평가 위원들의 최종 평가 집계 시간을 위해서 휴식 시간을 가졌다. 이어서 사무국에서 집계 작업이 끝나고 나 팀장에게 최종 결과를 전달했다.

웅성웅성하며 들어온 청중과 평가 위원들이 착석하는 것을 확인한 나 팀장은 결과를 발표했다.

"정말 박빙의 발표 대회였습니다. 전체적으로 점수 차이가 별로 나지 않았습니다. 냉정하지만 순위 발표를 하도록 하겠습니다."

약속된 대로 최우수상 1개 팀, 우수상 2개 팀, 이노베이션 상 2개 팀을 발표했다. 발표할 때마다 해당하는 혁신 리더 팀뿐만 아니라 해당 사업부에서 참석한 임직원들이 함께 환호성을 치면서 기뻐했다. 호명되지 않은 혁신 리더 팀들도 결과를 담담히 받아들이는 표정이었다. 상을 받은 혁신 리더 팀은 CEO와 함께 기념사진을 찍었다.

3) 리더가 변해야 기업이 산다

발표와 시상이 끝나고 CEO 격려의 말이 이어졌다.

"혁신 리더 여러분, 정말 수고 많았습니다. 솔직히 말씀드리자면 혁신 리더 활동의 첫 번째 시도이기에 큰 기대를 하지 않았습니다. 올해는 기초만 다지는 것으로 만족하자, 그렇게 생각했습니다. 그러나 두 달에 한 번씩 중간보고 받으면서 생각이 달라졌고, 오늘 발표할 최종 콘텐츠를 사전에 전달받아 보고는 깜짝 놀랐습니다. 오늘 참석한 경영진들도 마찬가지 생각일 것입니다. 발표 내용을 들으면서 우리 회사의 장래는 밝다고 생각했고… 다시 한번 혁신 리더들의 노고에 감사드리고, 또한 적극적으로 혁신 리더 변화과제 활동에 지원과 격려를 아끼지 않은 임직원 여러분, 감사합니다. 그리고 마지막으로 2년 전 회의 개선부터 이번 혁신 리더 활동을 잘 이끌어주신 류 소장님께도 감사의 말씀을 드립니다. 류 소장님 한 말씀 해주시지요?"

CEO로부터 마이크를 받은 류 소장이 청중을 바라보며 "우리의 선택 3가지에 대해서 말씀드리겠습니다.

첫째, 탑다운(하향식)$^{Top\ down}$의 조직문화는 이제 생존하기 어렵습니다. 혁신 리더 활동같이 현장으로부터 제안, 협업 활동이 자유로운 보텀업(상향식)$^{Bottom\ up}$ 방식의 조직만이 살아날 수 있습니다.

둘째, 톰 피터스는 혁신의 두 가지 실패 요인을 '시스템이 없는 열정'과 '열정이 없는 시스템'이라고 했습니다. 그러나 A사는 혁신 리더의 열정과 혁신 리더 프로그램이 있는 성공적인 토대를 이번에 마련했습니다.

셋째, 산업 패러다임 전환에 따라 조직문화와 일하는 방을 기존의 열심히만 해서 성과를 내는 'Work harder'에서 소통과 협업을 통한 창의적 아이디어를 도출하고 실행토록 동기부여 하는 'Work smarter'로 바꿔야 합니다. 이제 A사의 혁신 리더 변화과제 활동이 첫걸음을 떼었습니다.

혁신 리더 활동은 미래의 변화를 예측하고 미리 대처하는 비밀 병기입니다. 대표님 말씀처럼 A사의 미래는 여러분에게 달려 있습니다. 감사합니다."

크리스마스를 이틀 앞두고 강남역 근처에 있는 커피 전문점에서 류 소장과 나 팀장, 황 과장이 만났다.

"류 소장님 덕분에 이번 혁신 리더 프로젝트가 잘 끝났습니다. 지난번 혁신 페스티벌에서 대표님께서도 말씀하신 것처럼 저도 이 정도로 혁신 리더 활동이 잘 진행되리라고는 생각하지 못했습니다. 좋은 아이디어가 많이 나와서 내년 신규 사업 아이템으로 활용할 계획입니다. 특히, 마케팅 부서와 연구소에서 좋아하고 있습니다. 가장 큰 소득은 혁신 리더 중심으로 상하좌우 소통이 활성화되었다는 것입니다. 특히 경영진의 생각과 고민이 구성원에게 제대로 전달이 되고, 반대로 구성원의 의견이 혁신 리더를 통해서 경영진에 자연스럽게 전달되고 있다는 것입니다."

다소 들뜬 목소리로 성과를 얘기하는 나 팀장을 류 소장은 흐뭇하게 바라보았다.

"그리고 부서 간의 협업이 어느 때보다 원활하게 되고 있습니다. 우리가 애초 바라던 대로 진행이 되는 것이지요."

황 과장이 중요한 내용을 나 팀장이 생략했다는 듯이 한마디 추가를 했다. 두 사람의 말을 듣던 류 소장이 말을 이었다.

"정말 좋은 소식입니다. 두 분 정말 고생이 많으셨습니다."

류 소장은 두 사람을 진심으로 치하하면서 말을 이어갔다.

"그러나 가장 중요한 것은 이제부터입니다. 올해의 시행착오를 바탕으로 내년 2차 혁신 리더 활동을 어떻게 준비하느냐가 중요합니다. 처음 시도하기도 어렵지만, 지속을 하는 것이 더 어렵습니다. 전에도 말씀드렸지만, 하버드 비즈니스 스쿨 존 코터 교수는 조직 변화를 시도하는 기업의 70%가 실패를 경험한다고 했습니다. 대표적인 변화관리의 실패 요인 중 하나가 지속성을 유지 못했다는 것입니다. 바로 용두사미(龍頭蛇尾) 현상입니다. 두 번째 실패 요인은 사내 혁신 전문가인 혁신 리더를 활용하지 못하거나 주도 세력화를 시키지 못하기 때문입니다."

이어서 류 소장은 유럽 3대 경영대학원인 스페인 이에세 경영대학원IESE Business School의 패디 밀러Paddy Miller 교수의 말을 인용했다.

"큰 조직은 모두 혁신에 서투릅니다. 최고 경영자가 아닌 부장과 과장, 일반 직원들이 주도적으로 아이디어를 고민하는 '혁신 생태계Innovation cosystem'를 갖추면, 효율적이고 지속해서 혁신이 일어날 겁니다. 기업 규모가 커질수록 사내 위계질서와 규격화된 경영 체계가 최고경영진의 시야를 가리기 때문에, 상명하달식으로 조직 전체를 혁신하기 어렵다고 했습니다. 저는 밀러 교수가 언급한 '혁신 생태계'를 혁신 리더 조직으로 받아들이고 싶습니다. 조직의 규모가 클수록 사내 위계질서가 강합니다. 조직 구조는 엄격한 보고체계를 만들고 부서 간, 직급 간 의사소통을 방해합니다. 실무진에서 낸 혁신적인 아이디어는 상층부까지 전달되지 않고, 최고경영진이 외치는 혁신은 일선 직원들의 업무 개선으로 이어지지 않습니다. 혁신 리더가 중간에서 이 역할을 하는 것이지요. 올해는 나름대로 역할을 했다고 볼 수 있습니다."

나 팀장과 황 과장은 동의한다는 듯 고개를 끄덕였다. 류 소장은 심각한 얼굴을 하면서 말을 이어갔다.

"두 분도 공감하시겠지만, 경영 환경 변화가 가속화되고 방향성조차 판단하기 어려워지고 있습니다. 전년도에 세웠던 전략을 중간에 수정해야 하는 회사도 있습니다. 오늘날의 현실은 우리 조직들에는 큰 도전이자 시련입니다. 이럴수록 올바른 변화 방향을 정하고 빠른 속도로 지속해서 추진해야만 살아남고 도약할 수 있습니다."

류 소장은 1기 혁신 리더 활동을 통해서 A사가 학습한 귀한 경험을 바탕으로 연착륙과 지속적인 정착을 할 수 있도록 전제 조건을 다시 한번 강조했다.

연착륙과 지속적인 정착을 위한 전제 조건
첫째, 혁신 리더 활동이 하나의 이벤트가 되어서는 안 된다.
둘째, 지원하기 위한 상설 조직인 혁신 사무국을 조직한다.
셋째, 혁신의 로드맵$^{Road\ map}$에 따라 혁신 과제를 도출한다.
넷째, 혁신 지원시스템을 구축한다.
다섯째, 혁신 리더가 자긍심을 갖고 적극적으로 참여토록 지속적인 육성과 보
　　　상을 통해 동기부여한다.
여섯째, 성과 공유 및 지속적인 추진과 정착을 위한 베스트 프랙티스$^{Best\ Practice}$의
　　　장(場)을 운영한다.

혁신 리더 활용 회의
퍼실리테이션 도구

표 29. 단계별 퍼실리테이션 도구 모음

도구 유형		도구
아이디어를 발산하고 체계화한다. (Idea Gathering)	창의적 아이디어 발산 도구	브레인스토밍 6-3-5 브레인 라이팅 원더링 플립차트 랜덤 워드 월드 카페 PMI 기법 스캠퍼 6가지 생각하는 모자 명목 집단 기법 로직 트리 특성요인도 분석
아이디어를 수렴하고 의사결정을 한다. (Decision Making)	수렴, 평가 / 의사결정 도구	다중 투표법 성과 매트릭스 기준 평점 기법 의사결정 그리드 피스트 투 파이브

1. 아이디어를 발산하고 체계화한다

각 도구는 탄생 배경, 특징 등을 설명한 '개요', 언제 도구를 사용할 것인지에 대한 '활용/용도', 활용 순서를 설명한 '진행 절차'로 정리했다.

아이디어 발산 도구

브레인스토밍^{Brainstorming}

● 개요

집단의 효과를 살리고 아이디어의 연쇄반응을 일으켜 자유분방한 아이디어를 창출하는 기법으로, 오즈번^{A.F. Osborn}에 의해 처음 사용되었다. 브레인스토밍의 주요 가치는 적절히 관리되고 있는 전통적인 회의보다 더 훌륭한 아이디어를 시간을 덜 들이고서 산출할 수 있다.

● 활용/용도

- 일반적인 문제와 프로세스 개선 부분을 확인할 때
- 문제 영역을 결정하고 가능한 원인을 분석하거나 명확화할 때
- 해결안을 도출할 때
- 해결안을 선택하기 위한 기준을 설정할 때
- 실행계획의 내용을 개발할 때

● 진행 절차

1. 6~12명의 구성원으로 그룹원을 선발한다(1~2그룹 편성).
2. 과제를 명확히 하고, 브레인스토밍 안내 지침(목적, 토의 원칙, 절차)을 설명한다.
3. 토의 분위기를 조성하기 위해 간단한 아이스 브레이킹을 실시한다.
4. 회의 시작 전 퍼실리테이터가 문제를 정의하고 결과에 대한 이미지를 공유한다.
5. 참석자가 문제에 대한 해결 아이디어를 제시한다.

6. 서기는 플립차트 위에 모든 아이디어를 기록한다.

7. 아이디어가 충분히 도출되면, 우선순위 기법을 활용해 최종 아이디어를 결정한다.

● 브레인스토밍 3단계

브레인스토밍은 3단계를 나누어 활용할 수 있는데, 회의내용이 시간 등 상황에 맞게 3개 중 하나만 쓸 수 있다. 효과 측면에서 3단계를 차례대로 활용하는 것이 좋다. (그림 4 참조)

그림 4. 브레인스토밍 3단계

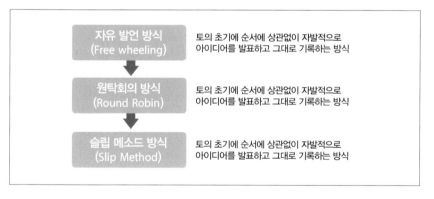

- **제1단계 : 자유 발언 방식** : 토의 초기에 순서에 상관없이 자발적으로 아이디어를 발표하고 그대로 기록하는 방식. 전체 질문을 통해 참석자 모두가 허심탄회하게 아이디어를 도출한다. 제1단계가 성공하려면 '브레인스토밍 4대 원칙', 즉 자유분방, 비판금지, 질보다 양, 결합과 개선 원칙을 철저하게 지켜야 한다.
- **제2단계: 원탁회의 방식** : 앉은 순서대로 아이디어를 발표하고 몇 번씩 아이디어를 낼 때까지 계속하는 방식으로, 시계 방향으로 순서대로 돌아가면서 자유롭게 아이디어를 도출한다.

- **제3단계: 슬립 메소드 방식** : 아이디어를 메모지나 포스트잇에 무기명으로 기록해 제출한 뒤 수집하거나 분류하는 방식이다. 현재 브레인스토밍의 대표적인 문제 해결 기법으로 활용된다.

4대 원칙

- **자유분방** : 어떤 아이디어도 수용할 수 있는 분위기를 만든다. '편안한 분위기로 고정관념을 파괴한다.'
- **비판(평가) 금지** : 타인의 의견에 대해서 절대로 비판하지 않는다. '판단은 나중으로 미룬다.'
- **질보다 양** : 질적인 부분보다 양적인 면을 더 우선시한다. '가능한 한 많은 아이디어를 만들어라.'
- **결합과 개선** : 도출된 아이디어를 결합하고 발전시켜 최종 아이디어를 만든다. '아이디어 편승을 장려하라.'

6-3-5 브레인 라이팅^{Brain writing}

● 개요

독일 프랑크푸르트 바텔 연구소^{Battle Institute}의 과학자들에 의해 개발된 '브레인 라이팅^{Brain writing}은 아이디어 창출 기법으로 다양한 분야에서 활용된다.

브레인 라이팅은 참가자들이 아이디어를 말하기보다는 정해진 시간 동안 송이에 쓰게 한 후 다음 참가자들이 그 아이디어를 읽고 새로운 아이디어를 추가하는 방식으로 진행되는 방식을 말한다.

(6명이 5분 동안 3가지 아이디어 작성을 반복하는 방식)

● 활용/용도

- 브레인스토밍의 진행 및 결과물이 특정 한 두 사람에 의해 독점될때
- 팀 내 심한 갈등이 있거나 주제가 논쟁적일 수 있을 때
- 해결안을 도출하고, 해결안을 선택하기 위한 기준을 설정할 때
- 팀이 성숙하기 전인 팀 구성 초기 또는 상하 간에 팀이 구성되어 눈치를 봐야 할 때

● 진행 절차

1. 어젠다와 진행 방법을 설명한다. (6명이 5분 동안 3가지 아이디어 작성을 반복하는 방식)
2. 주어진 5분 동안 아이디어를 브레인 라이팅 용지 1번 행의 ABC에 3개의 아이디어를 적는다. (표 23 참조)
3. 5분이 지난 후에 용지를 오른쪽으로 전해 주고, 동시에 왼쪽에 있는 사람으로부터 용지를 받는다.
4. 받은 용지의 1번 행에는 옆 사람의 3개의 아이디어가 적혀있다.

5. 옆 사람의 아이디어에서 힌트를 얻거나 새로 떠오른 아이디어를 5분 동안에 2번 행의 3개 칸에 적는다.
6. 5분이 지난 후에 그 용지를 오른쪽으로 전해 주고, 왼쪽 사람으로부터 다른 용지를 받아 다시 3개의 아이디어를 쓴다. 이런 방식으로 계속 6번을 진행한다.
7. 총 30분이 되면 정리된 108개의 아이디어를 참석자끼리 평가하여 최종 아이디어를 선정한다.

• 장점

- 여러 가지 이유로 사람들 앞에서 발언하기가 어렵고 꺼려질 때, 종이에 쓰는 것이라면 자유롭고 자유분방하게 행할 수 있다.
- 참석자가 서면 기록으로 자신의 의견을 개진함으로써, 개인의 사고를 방해받지 않는 상황에서 최대한의 아이디어를 살려 나갈 수 있다.

표 30. 6-3-5 브레인 라이팅 양식

주제 :			
No	A	B	C
1			
2			
3			
4			
5			
6			

원더링 플립차트^{Wandering flip chart}

● 개요

'원더링 플립차트^{Wandering flip chart}'는 여러 가지 주제에 대해 동시에 아이디어를 발산할 수 있도록 만들어진 기법으로, 참석자가 주제가 적힌 포스트(플립차트)로 돌아다니면서 아이디어를 토론하거나 포스트잇에 적어 아이디어를 모으는 방식이다.

● 활용/용도

- 참석자가 많거나 주제가 광범위하지만 짧은 시간에 많은 의견을 모으고자 할 때
- 테이블 퍼실리테이터가 없고 혼자 진행할 때
- 익명성을 보장하고 자유롭게 많은 아이디어를 내고자 할 때

● 진행 절차

1. 사전에 참가자들이 볼 수 있도록 회의실에 플립차트를 준비한다.
2. 토론할 주제를 명확히 한 후 주제를 나누어 소주제로 나눈다.
3. 플립차트 상단에 소주제를 기재한다.
4. 참석자들이 회의실을 자유롭게 돌아다니면서 자신이 관심 있는 소주제 앞에 서도록 한다. 아이디어를 토의하고, 토의 내용을 포스트잇에 적어 부착한다.
5. 다른 관심 소주제로 이동하도록 하고, 토의에 들어가기 전에 기존의 내용을 읽어보고 아이디어를 추가한다.
6. 각 플립차트에 아이디어가 충분히 채워질 때까지 반복한다.

• 장점

참가자들이 많고 시간도 충분하지 않은데 주제도 광범위할 때 적합하다. 특히 지루한 시간대나 환경에서 참석자들이 에너지 저하가 우려될 때 참석자들을 움직이게 함으로써 활기를 올리고 적극적인 대화에 참여시킬 수 있다.

그림 5. 원더링 플립차트 사례

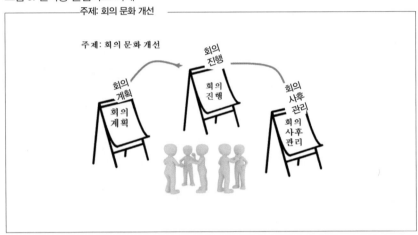

랜덤 워드 ^{Random word}

● 개요

  '랜덤 워드^{Random word}'는 '무작위 단어'라는 의미로 단어와 아이디어의 독특한 조합을 함께 제시해 생각을 얻는 것이다. 주제와 관계없는 단어에서 연상되는 것들을 연결하여 발상하는 강제 연상기법으로, 브레인스토밍을 지원해 사용할 수 있다.

● 활용/용도

- 창의적인 아이디어를 모으고자 할 때
- 기존의 사고(고정관념)에서 탈피하고자 할 때

● 진행 절차

1. 한 팀에 4~5명 배정한다.
2. 기존의 의제와 무관한 '단어 표'를 미리 정한다. (표 31 참조)
3. 팀별로 단어를 무작위로 선택한다.
   - 단어 선정을 위해 주사위를 활용할 수 있다.
   - 두 개의 주사위를 동시에 던져 나온 숫자 두 개를 조합한다.

   (예 : 1과 4가 만나는 단어인 '커피' 또는 '알래스카'라는 단어를 선정한다.)
4. 임의로 선정한 단어별로 20개 이상의 특성이나 표현을 브레인스토밍해 정리한다. (예 : '커피'라는 단어의 속성 또는 커피 하면 연상되는 모든 표현을 적는다. '향기 나는, 중독성 있는, 테이크아웃이 가능한, 다양한 재료와 섞는' 등)
5. 도출된 속성들과 의제를 강제로 연관을 지어 새로운 아이디어나 해결안을 도출한다. 이때 한 단어를 놓고 아이디어가 나오지 않으면 2~3개를 통

합해 생각한다. (예 : '의제'가 '새로운 교육과정 내용개발'이라면, '교육 후 여운이 남는 교육 방법은?' '스스로 빠져들게 하는 교육 방법은? 야외 활동 또는 이동식 교육 방법은? 융합 교육은?' 등)

6. 나온 내용을 정리해 상호 공유하고 최종 해결안을 선정한다.

● **장점**

어떤 문제에 관한 다른 관점 또는 유사성을 발견하게 됨으로써 우리 앞에 놓인 과제에 새로운 정보를 찾아 줄 수 있다.

표 31. 랜덤 워드 단어 예시

	1	2	3	4	5	6
1	바다	휴가	비행기	커피	독수리	연필
2	산	승진	우주선	녹차	고양이	우산
3	아프리카	카페	크루즈	라면	거북이	책
4	알래스카	친구	자동차	과자	강아지	시계
5	여름	군대	주차장	사탕	오리	가방
6	겨울	생일	지하철	초콜릿	낙타	노트

표 32. 랜표덤 워드 실습 사례

단어	속성	교육과정 내용개발 (교육 아이디어)
커피	향기 나는	여운이 남는 교육은?
	중독성 있는	스스로 빠져들게 하는 교육 방법은?
	Take-out이 가능한	야외 활동 또는 이동식 교육은?
	다양한 재료와 섞는	융합 교육은?
	다양한 원산지와 향 선택	교육생의 니즈/필요로 선택

월드 카페 _{World Cafe}

● 개요

'월드 카페^{World Cafe}'는 1990년대 중반에 주아니타 브라운^{Juanita Brown}과 데비드 이삭^{Devid Isaacs}에 의해 개발된 토의 방법으로, 기업체는 물론 교육 현장까지 다양한 분야에서 활발하게 사용되고 있다. 카페와 같이 열린 공간에서 참가자들이 자유롭게 집난 토론함으로써, 지식의 공유나 창조적인 아이디어의 도출을 유도하는 토의 기법이다. 효과적인 운영을 위해 카페와 같은 장소와 준비물이 필요하다.

● 활용/용도

- 편안한 환경에서 대화를 통해 그룹의 지혜를 모으고 창의력을 북돋우고자 할 때
- 기존의 토의 방식에서 벗어나서 자유로운 토론을 하고자 할 때

● 진행 절차

1. 최소 20명 이상의 참석자를 대상으로 진행한다.
2. 테이블별로 호스트 1인을 선정한다. 호스트의 역할은 참가자들 간의 대화를 촉진해주고, 참가자가 골고루 이야기할 수 있도록 조정해 주며, 대화 내용을 정리하는 테이블 퍼실리테이터 역할을 한다.
2. 보통 4~6명이 한 테이블에 앉도록 한다.
   - 퍼실리테이터가 대화의 방향(주제)을 제시하는 질문을 한다.
   - 기록을 할 수 있는 메모지와 전체 내용을 정리할 수 있는 플립차트 등을 제공하고, 참석자는 자유롭게 토론을 진행하며 메모한다.
   - 테이블별로 논의할 소주제를 미리 나누어 주면 효과적이다.

3. 총 3~5라운드의 카페를 열어서 토론이 행해지며, 대체로 1라운드당 30~50분 정도씩 진행한다. (라운드의 횟수와 라운드당 시간은 전체 참석자 규모와 주어진 시간에 따라 조정한다.)
- 라운드마다 호스트를 제외한 사람들은 자리를 옮겨 다닌다.
- 호스트는 새로운 참석자를 맞이하고, 서로 인사를 나눈다.
- 호스트는 앞에서 나온 내용을 간단하게 설명한다.
4. 테이블 이동을 통한 아이디어(지식)의 공유가 끝나면, 테이블 호 스타들이 각각 테이블 대화 내용을 요약, 종합해서 공유한다.

그림 6. 월드 카페

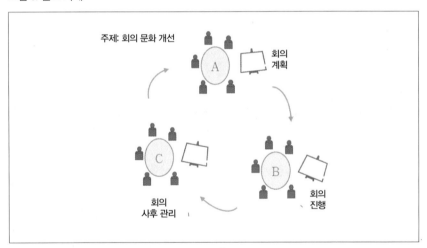

● 장점

- 참석자 간 적극적인 정보교류 및 지식 형성, 네트워크 강화 효과가 뛰어나다.
- 최근에는 전략회의나 정책 결정 그리고 변화관리 등 다양한 목적을 위한 회의 프로세스로도 활발하게 사용된다.
- '딱딱한 회의실이 아닌 열린 공간에서 토론을 통해 사회적 학습과 집단의 지성이 만들어진다.'라는 사고에 기반을 두고 있다.

PMI 기법

● 개요

에드워드 드 보노[Edward. de. Bono]가 고안한 기법으로 대상이 가지고 있는 다양한 측면을 고려하고 평가하여 최선의 아이디어가 나오도록 하는 기법이다. 각각의 장점[Plus], 단점[Minus], 흥미로운[Interest] 측면으로 고려하여 평가한다.

● 활용/용도

- 기존 아이디어에서 새로운 부분 또는 놓친 부분을 발견하고자 할 때
- 기존의 의견이나 아이디어를 심화, 발전시킬 필요가 있을 때

● 진행 절차

1. PMI 논의 안건(주제)을 선정하고 PMI 기법에 관해 설명한다.
2. 선정된 안건(주제)에 대한 배경을 설명한다.
3. Plus(장점, 좋은 점, 긍정적인 측면) 요소를 찾는다.
   - 참가자들은 주제와 관련된 긍정적인 측면들을 찾아 의견을 제시한다.
4. Minus(단점, 나쁜 점, 부정적인 측면) 요소를 찾는다.
   - 참가자들은 부정적인 측면들, 예상되는 문제점을 찾아 의견을 제시한다.
5. Interest(흥미로운 점, 독특한 점, 새로운 측면) 요소를 찾는다.
   - 참가자들은 흥미롭거나 독특하고 새로운 측면들을 찾아 의견을 제시한다.
6. 각 단계의 의견들을 종합하여 작성한다.
7. 제시되었던 의견 중 주제에 맞춰 가장 경쟁력이 있는 의견을 최종적으로 결정하고 계획 수립한다.

● 장점

PMI 기법은 기존의 것에서 그 장점을 뽑아내 부각하고, 단점을 찾아내 보완하며 어떻게 하면 더 흥미롭게, 독특하게 발전시킬지에 대한 고민을 해볼 수 있다.

표 33. PMI 기법 양식

주제		

주제 배경		

Plus (장점)	Minus (단점)	Interest (흥미로운 점)
종합 의견		
최종 결정		

스캠퍼^{SCAMPER} 기법

● 개요

스캠퍼^{SCAMPER} 기법은 일종의 브레인스토밍 기법의 하나로 브레인스토밍을 창안한 오즈번^{A.F.Osborn}의 체크리스트를 밥 에이블^{Bob. Eberle}이 7개의 키워드로 재구성하고 발전시켰다.

스캠퍼는 사고의 영역을 7개의 키워드로 정해 놓고 이에 맞는 새로운 아이디어를 도출한 뒤, 실행할 수 있는 최적의 대안을 선정하기 때문에 브레인스토밍보다 구체적인 안을 도출할 수 있다.

● 활용/용도

- 더 이상 새로운 아이디어가 나오지 않을 때
- 구체적인 실행안들이 필요할 때
- 기존의 틀을 벗어나 창의적이고 혁신적인 아이디어가 필요할 때

표 34. 스캠퍼 설명 및 예시

구분	설명	예시
Substitute (대체하기)	A 대신 B를 쓰면 어떨까? A의 성분이 B가 아닌 C로 하면 어떨까?	면발을 밀가루 대신 쌀로 —〉 쌀라면
Combine (결합하기)	A와 B를 합치면 어떨까?	라면과 떡볶이 결합 —〉 라볶이
Adapt (적용하기)	A에서 사용되던 원리를 B에도 적용하면?	봉지 라면—〉 컵라면
Modify, **M**agnify, **M**inify (수정하기, 확대하기, 축소하기)	A의 특성을 변형하면? A를 확대하면 어떨까? A를 축소하면 어떨까?	컵라면 —〉 (확대) 점보 도시락 라면 (축소) 작은 컵라면

Put to other uses (다른 용도 사용하기)	A를 B용도 외에 C 용도로 사용하면 어떨까?	라면 ─〉 라면 과자
Eliminate (제거하기)	A 일부를 제거하면 어떨까?	수프 없이 먹는 라면
Reverse, Rearrange (반전하기, 재정렬하기)	AB를 BA로 바꾸면 어떨까? A의 역할을 바꾸면 어떨까? (편견 바꾸기)	빨간 라면 국물 ─〉 하얀 국물 라면

표 35. 스캠퍼 양식

주제	

스캠퍼 단계별 질문		아이디어
S (대체하기)	다른 것으로 대체할 수 있는 것(방법, 재료)은 무엇인가?	
C (결합하기)	다른 것(아이디어, 재료 등)과 결합할 수 있는 것은 무엇인가?	
A (적용하기)	부분적으로 변경하거나 개조할 수 있는 것은 무엇인가?	
M (수정, 확대, 축소하기)	수정, 확대, 축소할 수 있는 것은 무엇인가?	
P (다른 용도 사용하기)	다른 용도(방식)로 활용할 수 있는 것은 무엇인가?	
E (제거하기)	일부를 제거하거나 단순화 시킬 것은 무엇인가?	
R (반전하기, 재정렬하기)	재배열시키거나 뒤바꿀 수 있는 것은 무엇인가?	
종합 의견		

● 진행 절차

1. 아이디어 도출을 위한 주제를 선정한다.

2. 회의의 목적을 이해시키고 스캠퍼의 질문을 참가자들에게 차례로 보여주
   며 설명한다.

3. 아이디어 도출을 위해 주제를 스캠퍼 각각의 질문에 맞춰 생각도록 한다.

4. 주제를 스캠퍼 키워드에 하나씩 접목하여 아이디어를 생산한다.

   – 키워드는 순차적으로 진행할 필요는 없으며, 각 키워드에서 시간이 오
     래 지체되면 각 키워드에 머물지 않고 다음 질문으로 넘어간다.

   – 최대한 많은 아이디어를 적어 나가고 이때 나온 아이디어에 대해서는
     일단 평가, 비판하지 않는다.

   – 일차적으로 나온 아이디어들을 또다시 다른 아이디어와 결합한 면에서
     사고의 범위를 확장해 나가도록 하고 도출된 아이디어는 스캠퍼 기법
     리스트에 기록한다.

5. 선택된 아이디어를 통해서 향후 어떻게 진행할 것인지 방향에 대해 계획
   을 수립한다.

● 장점

– 스캠퍼 기법은 당면한 문제를 해결하기 위해 정해진 질문에 맞춰서 다양
  한 아이디어를 찾기 위해 사용할 수 있다.

– 문제에 대해 계속해서 질문을 던지며 제품, 서비스에 대해서 개선을 하고
  자 할 때도 사용할 수 있다.

6가지 생각하는 모자^{Six Thinking hats}

● 개요

6가지 생각하는 모자^{Six Thinking hats}는 에드워드 드 보노^{Edward. de. Bono}가 고안한 기법
으로 한 번에 한 가지 유형의 사고만 하여 관계성이나 감정, 개인의 성향 등에
의해서 논의가 감정적으로 변하는 것을 막고 다양한 측면에서 폭넓은 사고와
신속한 의사결정, 문제 해결을 도와주는 기법이다.

● 활용/용도

- 논의가 감정적으로 변하는 것을 막고자 할 때
- 아이디어 회의를 하는 경우 뭐 뾰족한 아이디어도 떠오르지 않고 모두가
  회의에 지쳐 있을 때
- 하나의 아이디어를 심화시키거나, 다양한 측면에서 폭넓은 사고가 필요
  할 때

6가지 생각하는 모자^{Six Thinking hats}는 흰색, 검정, 빨강, 파랑, 노랑, 초록의 색상으
로 구성되어 있으며, 각각의 색상에는 정보, 감정, 창의력, 논리 등 사고의 형태와
역할이 지정되어 있으며 색상이 지닌 서로 다른 역할에 맞춰 사고함으로써 다양
한 관점으로 대상을 바라보고 아이디어들을 발전시킬 수 있다. 퍼실리테이터가
한 가지 색상의 모자를 지정하면, 참여자는 그 모자의 역할에 맞춰 사고를 집
중하고 의견을 제시한 후 다른 색상으로 넘어가는 방식 (회의 참가자들은 임의
로 특정 색깔의 모자를 요구하지 않도록 한다)

표 36. 모자 색깔별 의미와 역할

모자 색깔	의미	역할
하얀 모자	객관적, 중립적인 사실과 정보, 숫자 등	이미 검증된 정확한 정보를 제시하고, 중립적이고 객관성을 유지한 의견을 제시한다.
초록 모자	창의적, 혁신적, 확산적, 새로운 관점의 대안	기존의 사고에서 벗어나 새로운 시각과 창의적인 아이디어를 제시, 약점을 보완할 새로운 관점의 대안을 제시한다.
노란 모자	긍정적, 낙관적, 강점, 실현 가능성 가치, 이점 등	근거를 기반으로 장점을 찾고 달성할 수 있는 실행 방안을 제시, 긍정적인 면으로 상황을 유도한다.
검정 모자	문제점, 부정적, 신중한 검토, 비판, 잠재 위험, 실패 요인, 오류 등	기존의 경험, 지식, 정보와 맞지 않는 것, 부정확한 것, 위험한 것 등을 논리적으로 제시한다.
빨간 모자	직감, 감정, 정서	다양한 감정들에 의해 의견을 제시하며, 이때 의견에 대한 정당성이나 이유, 근거는 없다.
파란 모자	통제, 냉정함, 사고의 정리, 결론 도출	객관적, 이상적 판단을 기반으로 사고를 정리하고 요약하여 결론을 제시하도록 한다. — 의사결정자의 역할로 효율적인 토론을 위해 시작 전 논점을 설정하기도 하고 사고와 다른 모자에 대한 지시와 통제를 하는 역할을 한다.

● 진행 절차

1. 6가지 생각하는 모자 회의에 활용할 안건(주제)을 선정한다.

2. 선정된 안건(주제)에 대한 배경을 설명한다.

3. 참여자들은 진행자가 선택한 모자가 지닌 사고의 역할에 맞춰 의견을 도출한다.

 - 퍼실리테이터는 주제의 특성에 맞춰 모자의 색상을 선택할 수 있다.

 - 긍정적인 사고 후 비판적인 사고를 유도하여 아이디어를 평가, 개선하는 등 보다 참여자들이 유연한 사고를 할 수 있도록 진행한다.

 - 한 색상의 모자는 여러 번 사용이 가능하며 진행 중 수시로 바꿔 가며 진행한다. 한 모자의 생각에 대해 자유롭게 자신의 의견을 내놓고, 또 다른 모자를 씀으로써 사고가 혼선되지 않고 체계적으로 정리되어 결(론에 쉽게 도달한다. (예: 새로운 아이디어 도출 시) 하얀 모자 -> 파란

모자 -> 초록 모자 -> 노란 모자 -> 검은 모자 -> 빨간 모자 순서로 회의를 진행한다.

(예: 아이디어 평가 시 빨간 모자 -> 노란 모자 -> 검은 모자 -> 초록 모자 -> 하얀 모자 -> 파란 모자 순서로 회의를 진행한다.

4. 회의를 통해 제시된 아이디어를 취합하고, 실행 가능성과 경쟁력을 검토한 후 최종 선택하도록 한다.
5. 선택된 아이디어는 진행 방향에 대해 계획을 수립한 후 진행한다.

● **장점**

- 회의 중에 지나치게 자기를 내세우거나 상대방을 공격하는 행위를 막을 수 있다.
- 참석자들이 한순간에 하나의 관점에 집중하게 함으로써 불필요한 충돌이 일어나는 것을 예방한다.
- 의견이나 아이디어를 자유롭게 얘기하되, 그것이 일정한 방향에 집중되도록 하는 역할을 한다.
- 불필요한 논쟁이 일어나는 것을 막고 유연한 사고를 통해 시간을 절약할 수 있다.

2. 아이디어를 수렴하고 의사결정 한다

아이디어 체계화 도구

명목 집단 기법^{Nominal Group Technique}

● 개요

다른 사람과 얘기하지 않고 각자 작업하는 시간 동안에는 명목상으로는 집단이지만, 실제로는 개인적으로 작업하고 있음을 강조하기 위해 '명목 집단 기법^{Nominal Group Technique}'이라고 부른다. 브레인스토밍 3단계인 슬립 메소드^{Slip Method} 방식을 활용한 기법으로, 주어진 안건에 대해 팀원 각자의 의견을 있는 그대로 모으되 다른 팀원의 영향력을 받지 않고 독립적으로 자신의 의견을 제시할 수 있게 하는 집단 의사결정 방법이다.

팀 회의에서 모든 구성원이 동등하게 참여해 아이디어를 창출하고 우선순위를 부여하고 아이디어에 대한 팀의 합의를 하는 데 주로 활용한다.

● 활용/용도

- 문제를 명확히 이해하고자 할 때
- 생각과 아이디어를 명확하고 효과적으로 표현하고자 할 때
- 주제에 대한 모든 의견을 수렴할 때
- 특정 소수 인원에 의해 팀 토의가 주도되는 경향을 방지하고 그룹의 폭넓은 의견을 수렴하고자 할 때
- 생성된 아이디어나 항목의 목록에 우선순위를 부여하면서 팀이 동등하게 참여하고 의견 대립이 생기지 않도록 할 때

● 진행 절차

1. 토의 어젠다를 확인하고 문제를 명확하게 정의한다.

2. 참석자 각자가 다른 사람과 얘기하지 않는다.

3. 아이디어에 대한 비판이나 다른 의견 제시는 허용되지 않는다.

4. 주어진 세부 토의 어젠다에 대한 자신의 '생각/아이디어'를 포스트잇에 개인적으로 기록한다.

   - 그것은 언제 발생하는가?

   - 그것은 누구에게 발생하는가?

   - 무엇이 개입되어 있는가?

   - 무엇이 그 문제를 발생시키는가? 등

5. 작성한 아이디어를 발표하고 기록한다. 이때 서기는 팀원이 잘 볼 수 있도록 플립차트에 기록하고 중복되는 부분이 있는지 확인하고 수정한다. 단, 제출된 아이디어에 대해서는 일단 평가하지 않는다.

6. 의미의 명확화를 위해 토의를 진행한다. (아이디어를 정교화시키거나 평가하지 않는다.)

7. 논의가 끝나면, 아이디어 하나하나에 각자 평점을 매긴다.

8. 퍼실리테이터는 아이디어 평점 결과를 발표한다.

● 장점

- 정제된 단어와 문장 사용을 통한 토론 시간 절약
- 모든 구성원의 적극적 참가 유도 및 타인 의견 경청 가능

그림 7. 명목 집단 기법

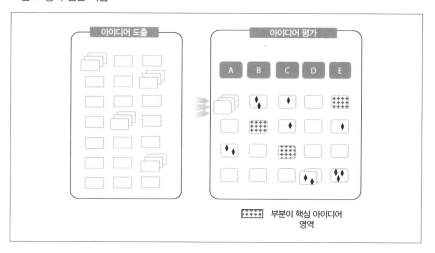

로직 트리^{Logic tree}

● 개요

'로직 트리^{Logic tree}'는 분석을 더 논리적이고 효율적으로 진행하기 위해 'MECE^{Mutually Exclusive and Collectively Exhaustive}'(각 항목이 중복되지 않으면서 각각의 합 전체를 포함할 수 있는 요소의 집합을 나타내는 개념)의 사고방식에 따라 주요 항목을 나무 형태로 분해하는 기법이다.

● 활용/용도

- Logic Tree 활용은 대체로 3가지로 나눈다.
  - What Tree(목록 분석형)는 문제를 각각의 요소로 분해하여 체크리스트, 과제 선정, 문제구조, 구성 요소를 파악할 때 활용한다.
  - Why Tree(원인 분석형)는 문제가 발생했을 때 원인을 찾는 경우이며 주로 문제를 분석할 때 활용한다.
  - How Tree(해결안 모색형)는 문제에 대한 해결안을 찾는 경우이며, 주로 해결안을 도출할 때 활용한다.
  - 따라서 활용 시 전개 목적을 분명히 해서 유형을 선택한다.

● 진행 절차

1. 어젠다나 분석의 범위와 방향을 결정한다.
2. 어젠다 박스에서 연결선을 긋는다.
3. 문제 영역으로 세분화하기 위해 분석 대상은 주어와 술어 형태로 나타낸다.
4. 분석 대상 전체를 포함하면서 각각 중복되지 않도록 어떻게 구분 지을 것인지를 결정해 나눈다. 전체 구성을 확인하고 서로의 크기를 고려해 구분 짓는다.

5. 문제 해결에 적합한 수준에 도달할 때까지 하부 전개를 계속한다.

6. 어젠다 영역이 충분히 좁혀지면 구체적인 문제를 명확히 한다. 각각의 영역은 MECE 원칙에 따라 중복되지 않고 각각의 합 전체를 포함할 수 있는 요소의 집합이어야 한다.

● **장점**

- 로직 트리는 논리적 사고를 촉진하고, 짧은 시간에 많은 아이디어를 도출할 수 있다,

- 빠진 것이 없이 전체가 포함되어 큰 그림을 보는 데 유용하다.

그림 8. 로직 트리 예시

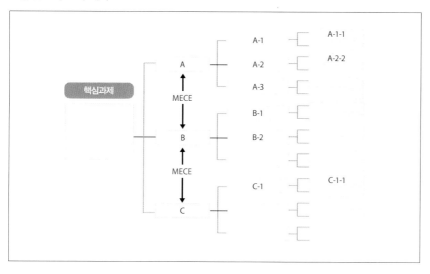

특성요인도 분석^{Cause and Effect Diagram}

● 개요

'특성요인도 분석^{Cause and Effect Diagram}'은 일본 도쿄대학교의 이시카와 가오루(石川馨) 교수가 고안한 기법으로, 원인과 결과의 관계를 생선 뼈 모양으로 표현해서 '피쉬본 다이어그램^{Fishbone Diagram}' 또는 '어골도(魚骨圖)'라고도 한다. (최초 개발자 이름인 '이시카와 다이어그램'이라고도 한다) 특정 문제에 대해 가능한 원인을 확인하는 방법으로, 또는 특성(결과)에 어떠한 원인(요인)이 있는가를 알기 쉽고, 보기 쉽게 나타내는 분석 기법이다.

● 활용/용도

- 문제를 발견하고 현재 상황을 분석하고자 할 때
- 문제 해결에 효과가 있는 개선요인을 쉽게 찾고자 할 때

● 진행 절차

1. 특성(주제어: 문제, 현재 상황)을 정한다.
2. 오른쪽에 박스 도형(생선 머리)을 그리고 빈칸 안에 특성(문제나 현재 상황)을 적는다.
3. 대분류(뼈대)에 특성을 유발하는 요인을 기재한다.
   - 왼쪽에서 오른쪽으로 굵은 화살표(등뼈)를 기입하고, 등뼈를 향해 비스듬히 큰 뼈(대분류)를 붙여 요인을 4~8개 정도로 분류하여 기재한다.
   - 일반적인 대분류 범주 예는 다음과 같다.
   4M 1I (Material, Method, Machine, Man, Information)
   4P (Product, Promotion, Place, Price)
   STP (Segmentation, Targeting, Positioning)

7S (System, Skill, Staff, Strategy, Structure, Style, Shared Value) 등

4. 중간 뼈, 작은 뼈에 해당하는 요인을 기재한다.

– 큰 뼈(대분류)에서 정한 요인을 기준으로 중간 뼈와 작은 뼈를 추가하고 세부적 요인을 구체화 및 상세화하여 작성한다.

– 누락된 요인이 없는지 점검하고, 큰 뼈(대분류)의 요인이 중간 뼈와 중간 뼈의 요인이 작은 뼈와 인과관계가 확실한지 점검한다.

– 이때 '왜 그렇지?', '실현하려면 무엇이 필요하지?'라는 질문을 계속해 추가적인 아이디어를 내도록 한다.

5. 나열한 항목을 검토하여 영향력이 큰 중요한 요인들을 선정한다.

– 가장 가능성이 큰 문제의 원인을 선정한다.

– 선정은 참석자의 합의로 결정한다.

그림 9. 특성요인도 분석 예시

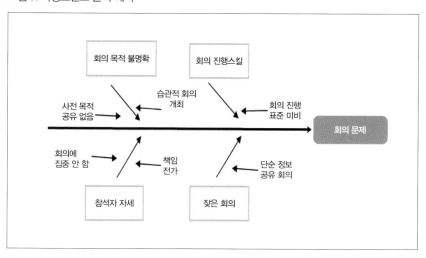

- 장점

  - 결과에 대한 원인의 관계가 명확하고, 문제의 원인 발견이나 대책의 수립
    이 쉽다.

  - 문제에 대한 초점이 명확하고, 세부적인 문제의 실마리 해결이 쉽다.

  - 특성요인도를 작성하는 그 자체에 논리적인 교육 효과가 있다.

3. 대안을 평가하고 의사결정 한다

다중 투표법^{Multi voting}

● 개요

'다중 투표법^{Multi voting}'은 여러 개의 아이디어나 대안 중 우선순위를 결정하는 의사결정 기법으로, 빠르고 정확한 의사결정에 활용한다. 또한, 모든 참가자가 의사결정에 참여하므로 결과에 대한 수용이 쉽다.

● 활용/용도

- 짧은 시간에 참가자 전원 참여를 통해 그룹 의사결정 할 때
- 여러 개의 항목(잠재적 원인, 해결안) 중 활용할 수 있는 몇 개의 항목을 선택하고자 할 때
- 여러 개의 항목 중 최상의 것을 선택하고자 할 때

● 진행 절차

1. 선택 항목 리스트를 플립차트에 부착한다.
2. 플립차트에 붙은 보팅할 아이디어들을 참석자들이 전반적으로 검토하게 한다.
3. 각 구성원에게 항목을 선택해 평가할 수 있도록 정해진 개수의 컬러 스티커를 배부한다.
   - 보팅 대상 항목 수의 1/3만큼 개인별로 선택권을 준다.
   - 예를 들어, 15개의 항목이 있으면, 개인별로 5개의 중요한 항목을 선택하게 한다. (1/3만큼을 주기도 하고, n/2-1만큼을 주기도 하며, 최소한 개인별 아이디어 수 이상으로 투표권을 주기도 한다.)

4. 개인별로 한 항목에 한 개의 스티커를 붙이는 방식으로 보팅한다.

   – 그룹에 보팅하지 않고 각각의 아이디어에 보팅한다.

   – 유의할 점은 한 항목에 스티커 여러 개를 붙일 수는 없다는 것이다.

5. 스티커 개수를 합산하고, 적은 표를 받은 항목부터 리스트에서 제외한다.

   (일반적으로 상위 1/3 개의 리스트를 선택함)

성과 매트릭스^{Pay-off Matrix}

● 개요

'성과 매트릭스^{Pay-off Matrix}'는 팀과 개인이 이슈의 중요성, 최고의 해결안, 실행 과정 등에 관해 일관성 있는 우선순위의 결정을 돕기 위해 전개한다. '페이업 매트릭스^{Pay-off Matrix}'는 게임이론에서 시작된 합리적인 의사결정 기법으로, 가장 손해가 안 가는 의사결정 대안을 선택한다는 의미도 있다.

● 활용/용도

- 다수의 아이디어(해결안) 중에서 우선순위 결정할 때
- 가장 합리적인 의사결정이 필요할 때

● 진행 절차

1. 사분면^{2 by 2 Matrix}을 정하고, 구성원의 합의를 통해 X축에는 자원 투입 정도 (시간, 자금, 인력 등)와 Y축에는 성과 정도(영향도, 매출 등)의 상관관계를 결정한다.
2. 사분면별로 4가지 평가 의미를 설명한다.
   - 1 사분면 : 만루홈런^{Grand Slam} : 최소의 자원 투입으로 최대의 효과를 창출할 수 있는 해결안
   - 2 사분면 : 연장전^{Extra Inning} : 자원이 투입되는 만큼 효과가 나타나는 해결안 (장기 투자 가능 시 채택)
   - 3 사분면 : 도루^{Stolen Base} : 적은 자원 투입에 작은 효과가 나타나는 해결안 (제외)
   - 4 사분면 : 삼진아웃^{Strike Out} : 투입된 자원에 비해 효과가 아주 적은 해결안 (제외)

3. 각 해결안에 대해 우선순위에 따라서 각 분면 위에 점을 찍어 보팅을 한다. 우선순위 기준에 대해서는 사전에 참석자 간에 논의가 필요하다.

4. 만루 홈런에 해당하는 해결안을 구성원의 합의로 최종 해결안으로 선정한다.
   – 큰 성과를 얻기 위해 가능한 적은 노력을 하는 것이 이상적이다. 비중이 적은 이슈에 대해서는 시간 투입을 피한다. 따라서 도루와 삼진아웃은 해결안 선택에서 제외한다.
   – 참석자들의 합의를 통해서 실행 가능성(자원, 시간, 자금, 인력 등)과 사업성과의 상관관계를 검토한다.

그림 10. 성과 매트릭스

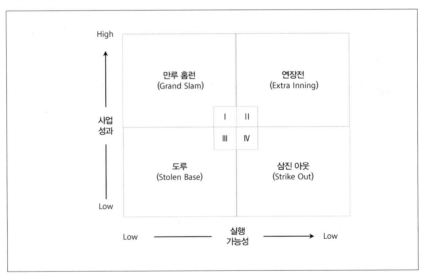

기준 평점 기법^{Criteria Rating Technique}

● 개요

　'기준 평점 기법^{Criteria Rating Technique}'은 여러 개의 아이디어나 대안 중 우선순위를 결정하는 방법으로, 평정법^{Scoring Method}이라고도 한다. 선택할 수 있는 대안 중 최적의 대안을 선정한다. 대안의 평가 요소를 기술하고 상대적 중요도에 따라 가중치를 부여한다.

● 활용/용도

- 다수의 해결안 중 최적의 대안을 선정할 때
- 주요 문제의 선정 및 우선순위를 결정할 때

● 진행 절차

1. 브레인스토밍을 통해 문제나 해결안을 평가할 요소를 토의해 중요한 다섯 가지 이내로 선택해 기술한다. 팀원이 이해하기 쉬운 짧은 단어 형태로 표현한다. (예 : 중요성, 시급성, 용이성, 자원 투입 등)
   - 평가 요소의 결정 또는 가중치의 결정에 대해서 사전 논의와 합의가 필요하다.
2. 평가 요소들을 표의 가장 상단에 기입하고, 선택안은 가장 좌측 열에 기재한다.
3. 평가 요소가 기입된 행을 2개의 행으로 나눠 상단에는 각 평가 요소, 하단에는 가중치를 기록한다. (가중치는 참석자와 합의해 정한다.)
4. 평가 요소 반영 정도에 따라 각 선택안에 1점에서 5점까지 부여한다.
5. 선택안별로 평가 요소에 부여된 가중치와 점수를 곱하여 각 칸에 기입하고, 총점을 계산한다.

6. 높은 점수가 나온 우선순위에 따라 최종 톱3의 해결안을 선정한다.

표 37. 기준 평점 기법

아이디어/안건	평가 항목				계 (100)	순위
	중요성 (25)	시급성 (25)	용이성 (25)	자원 (25)		
1.						
2.						
3.						
4.						

의사결정 그리드^{Decision Grid}

● 개요

'의사결정 그리드^{Decision Grid}'는 아이디어의 우선순위를 정하는 기법으로 보팅한 결과를 즉각 반영하기보다는 참석자들 간의 논의를 통해서 아이디어의 위치를 결정한다.

● 활용/용도

- 논의 주제 중 어느 것을 먼저 다룰 것인가를 선정할 때
- 다수의 아이디어 중 우선순위를 결정할 때

● 진행 절차

1. 선정된 아이디어를 포스트잇에 적는다.
2. X축에는 '실행 용이성' 그리고 Y축에는 '성과'를 적고, 높음, 중 간, 낮음의 조합으로 9등분한다.
3. 각 아이디어에 대해서 먼저 '성과'가 높음, 중간, 낮음 중 어디에 해당하는지 논의하여 결정한다. 이어서 '실행 용이성'에 높음, 중간, 낮음에 대해서 논의하여 정한다.
4. 아이디어의 위치를 상대적으로 평가하여 조정한다.
5. 오른쪽 위 끝 '높음/높음' 칸부터 원을 그려서 우선순위를 차례로 정한다.

그림 11. 의사결정 그리드

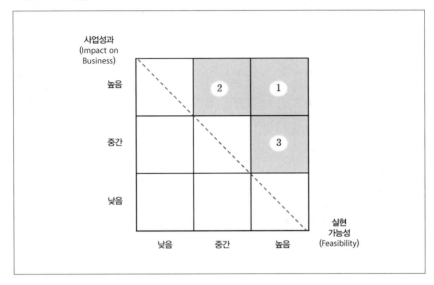

피스트 투 파이브^{Fist to Five}

● 개요

'피스트 투 파이브^{Fist to Five}'는 여러 개의 안건이나 쟁점의 우선순위를 결정할 때 지지(동의) 정도를 손가락으로 나타내는 방법으로 쉽게 적용할 수 있는 기법이다. 참가자 모두가 동시에 손을 듦으로써 다른 참가자의 영향을 받지 않는다.

● 활용/용도

- 주어진 결정이나 아이디어에 대해 사람들이 지지하는 바를 신속히 알고자 할 때
- 다른 팀원(상위 직급이나 타 참석자)의 영향을 받지 않고 의사결정 할 때

● 진행 절차

1. 우선순위 결정 대상을 확정한다. 이때 퍼실리테이터는 우선순위를 결정해야 할 안건이나 쟁점을 확정해 제시한다.
2. 손가락으로 지지(동의) 수준을 표시한다.
   - 퍼실리테이터는 안건이나 쟁점에 대한 지지(동의) 정도를 손을 들어 손가락으로 표시해 주도록 요청한다.
   - 퍼실리테이터는 안건이나 쟁점 하나하나에 팀원이 표시한 손가락의 개수를 집계해 그 안건이나 쟁점 옆에 기재한다.
3. 우선순위를 결정한다.
   - 점수가 높은 것부터 차례로 순위를 매기고 원하는 순위(보통 3~5위)까지 선정한다.
   - 동점으로 인해 원하는 순위가 초과하면, 최종 순위만을 대상으로 기법을 다시 사용한다.

- **장점**

  - 팀원 모두가 동시에 손을 들기 때문에 다른 참가자(상위 직급이나 영향력이 있는 참석자)의 영향을 받지 않는다.
  - 실시 절차가 간편해 손쉽게 활용할 수 있다.
  - 신속하게 의사결정을 내릴 수 있다.

그림 12. 피스트 투 파이브

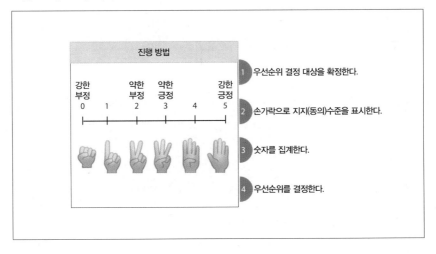

회사를 살리는
혁신 리더

초판인쇄 2023년 11월 30일
초판발행 2023년 11월 30일

지은이 류한수
펴낸이 채종준
펴낸곳 한국학술정보(주)
주 소 경기도 파주시 회동길 230(문발동)
전 화 031-908-3181(대표)
팩 스 031-908-3189
홈페이지 http://ebook.kstudy.com
E-mail 출판사업부 publish@kstudy.com
등 록 제일산-115호(2000. 6. 19)

ISBN   979-11-6983-828-3 13320